NOUVELLES ÉTUDES

SUR UNE

SÉRIE D'INSCRIPTIONS

NUMIDICO-PUNIQUES.

(735) SAINT-CLOUD. — IMPRIMERIE DE Mme Ve BELIN.

NOUVELLES ÉTUDES

SUR UNE

SÉRIE D'INSCRIPTIONS

NUMIDICO-PUNIQUES

DONT PLUSIEURS SONT INÉDITES,

SPÉCIALEMENT AU POINT DE VUE DE L'EMPLOI DE L'ALEPH,

COMME ADFORMANTE DE LA PREMIÈRE PERSONNE SINGULIER DU PRÉTÉRIT ;

PAR

M. A.-C. JUDAS.

PARIS,

FRIEDRICH KLINCKSIECK,

RUE DE LILLE, Nº 11.

1857

NOUVELLES ÉTUDES

SUR UNE

SÉRIE D'INSCRIPTIONS

NUMIDICO-PUNIQUES

DONT PLUSIEURS SONT INÉDITES,

SPÉCIALEMENT AU POINT DE VUE DE L'EMPLOI DE L'ALEPH,

COMME AFFORMANTE DE LA PREMIÈRE PERSONNE SINGULIER DU PRÉTÉRIT.

Les études sur le langage des Phéniciens embrassent deux sujets : 1° le phénicien proprement dit, qui était parlé sur les côtes orientales de la Méditerranée, à Carthage et sur le territoire de cette cité; 2° le numidico-punique, c'est-à-dire le phénicien modifié par son mélange avec la langue numidique, *lingua modo conversa connubio Numidarum*, selon Salluste, qui s'était répandu dans le reste de l'Afrique septentrionale, depuis la région syrtique jusqu'aux rivages de l'océan Atlantique. Sur le premier point, les notions sont aujourd'hui définitivement arrêtées; on est d'accord pour rattacher essentiellement ce dialecte à l'hébreu, d'une part, sous le rapport des lettres, dont la valeur est fixée et que l'on trouve ressemblantes aux anciens caractères hébreux, ainsi qu'aux caractères samaritains, lesquels étaient à peu près identiques; d'une autre part, sous le rapport lexico-grammatical, nonobstant quelques analogies avec le syro-chaldéen. Les divergences ne diffèrent plus de celles qu'entraînent souvent les discussions de textes épigraphiques en quelque autre langue, ou du texte hébraïque de la Bible, avec cette difficulté de plus, que les mots ne sont presque jamais séparés, et que les voyelles ne sont point indiquées. Dans ces conditions, on conçoit que, si saint Jérôme a pu dire de l'hébreu que c'est une langue pleine d'équivoques, il n'est pas surprenant que les restes lapidaires de l'idiome phénicien qui nous sont parvenus en si petit nombre encore, présentent des incertitudes, des difficultés de même nature, qui amènent des variations plus ou moins grandes dans les interprétations de quelques passages. Il n'y aura donc plus maintenant qu'à analyser les textes nouveaux, comme on ferait de textes hébreux dans les mêmes circonstances : nous croyons ce point positivement acquis.

Il est loin d'en être ainsi du dialecte numidico-punique. Ici, altération graduelle et profonde des lettres, au point de former un alphabet nouveau sur la valeur de plusieurs éléments duquel toutes les convictions ne sont peut-être pas encore faites; modifications non moins profondes dans l'orthographe des mots et idiotismes dans quelques notations grammaticales. Sur le dernier point surtout, les opinions sont encore très-partagées. Les dissentiments portent particulièrement sur le rôle de l'*aleph* suffixe dans des conditions spéciales. Cette question, sur laquelle j'ai émis un avis qui n'a pas été complétement admis et que je me crois en mesure d'appuyer de nouveaux arguments, est expressément l'objet du présent travail. Pour la plénitude de la démonstration, j'y devrai comprendre quelques inscriptions phéniciennes et carthaginoises.

Les inscriptions phéniciennes et numidico-puniques, comme les épigraphes grecques et latines, ont souvent des formules communes, exprimant un fait général, un acte habituel dans la société ; à côté de ces formules se placent les parties qui indiquent les circonstances contingentes, les particularités distinctives, savoir, le plus fréquemment, le nom de l'auteur de l'acte ou de celui pour qui l'acte est accompli, avec sa généalogie, sa position, son âge. Les formules, bien que constantes en ce qu'elles ont d'essentiel, subissent des variations accessoires, d'une part, selon les circonstances fortuites, savoir, suivant qu'il s'agit d'une ou de plusieurs personnes, d'un homme ou d'une femme ; d'une autre part, selon quelques modifications d'orthographe ou de langage propres à certains cantons. C'est par la comparaison, par le parallélisme du plus grand nombre possible d'exemples qu'on arrive à la démonstration de ces formules, et il en résulte ensuite une merveilleuse facilité pour l'intelligence des textes, une grande simplicité dans l'explication. C'est pour avoir négligé ou n'avoir pas assez loin poussé cette comparaison, qu'on a cru pouvoir nier la solution que j'ai déjà proposée pour la plupart des inscriptions dont je vais m'occuper.

Indépendamment de cet avantage général, les formules, par quelques variétés secondaires, caractérisent la provenance des monuments.

La trame formulaire d'un grand nombre d'inscriptions phéniciennes et numidico-puniques est, dans l'expression la plus large, et en ne prenant d'abord que les radicaux des phrases : ל.....נדר. אש נדר.....כשפוע את קל הברך.

La première lacune, de droite à gauche, est remplie par les noms d'une ou de deux divinités à qui s'adresse une dédicace indiquée par le *lamed* initial, marque du datif et valant grammaticalement notre particule *A*.

La seconde lacune répond à l'espace occupé par le nom, la filiation, etc., de la personne par qui ou à l'occasion de qui la pierre a été gravée. L'ordre n'est pas constant ; ainsi, souvent la formule se suit sans coupure, et la partie éventuelle est rejetée à la fin.

Une première distinction dans la formule résulte de la différence des divinités mentionnées. A Tyr probablement, d'après une double épigraphe gravée à Malte par des Tyriens, c'était *Melqart* ou *Hercule*; les termes sont : לאדנן למלקרת בעל צר, *A notre Seigneur, à Melqart, maître de Tyr.* A Carthage, deux divinités sont énoncées, *Tanit*, c'est-à-dire *Junon* ou *Diane* par suite des mutations de l'articulation initiale, et *Baal* ou *Saturne*; la locution est: (1) לרבת לתנת פן בעל ולאדן, *A la dame, à Tanit, image de Baal, et au Seigneur, à Baal Hamon.* En Numidie et en Mauritanie, *Baal* seul est dénommé dans des variantes, savoir : (2) לאדן בעל חמן, *Au*

---

(1) Il y a lieu de remarquer le parallélisme des titres, qui a quelque chose de solennel :

לרבת לתנת פנבעל

ו

לאדן לבעל חמן

Le sens général a été donné par Hamaker, *Diatribe*, etc., Leyde, 1822. A Gesenius appartient la leçon תנת au lieu de תלת, *Monum.*, p. 168 et suiv.; à M. de Saulcy, la leçon פנבעל au lieu de ולבעל, *Rev. archéol.*, 3ᵉ année, 10ᵉ livr.

(2) On me permettra, j'espère, de revendiquer la lecture du mot חמן sur la plupart des inscriptions numidico-

Seigneur Baal Hamon, ou לבעל לאדן, *Au Seigneur Baal*, ou enfin לבעל בעל, *Au maître Baal*.

Le reste de la formule contient le point de litige que j'ai spécialement en vue dans ce mémoire; on y observe de nombreuses variantes, savoir :

1° (1).	. . . . אש נדר
2° (2).	. . . . בערכא קולא את שעמא נדער אש נדער
3° (3).	. . . . . ברכא קלא שמע נדר אש נדר
4° (4).	. . . . . ברבא קלא שמא נדר אש נדר
5° (5).	. . . . כשעמא נעדר אש נעדר
6° (6).	. . . . . הברכם קלם כשמע נדר אש
7° (7).	. . . . . ברכא קלא שמע נדר אש
8° (8).	. . . . . ברכא קלא שמע
9° (9).	. . . . . ברכא קלא שמא
10° (10)	. . . . . וברכא קלא שמא
11° (11)	. . . . . ברכא קלא כעשמע
12° (12)	. . . . . ברכם קלם כעשמע
13° (13)	. . . . קלם ושמם
14° (14)	. . . . קולא את ושעמא
15° (15)	. . . . ?קאל את ?שעמ
16° (16)	. . . וקטירא קלא כשעמא

On voit que la plus simple expression est אש נדר; il faut donc que ces deux mots forment un sens spécial; on est maintenant généralement d'accord pour y voir *Hoc* (17) *votum*, ou *Hoc vovens*,

---

puniques publiées par Gesenius, lecture qui a établi la détermination du *chet*, souvent si compliqué sur ces monuments, et a fondé le parallélisme des formules. Je prends la liberté de faire cette observation, parce que j'ai cru remarquer qu'on ne s'est point fait faute de me nommer lorsqu'on a cru avoir à me critiquer, et qu'on n'a pas eu le même soin lorsqu'on a adopté quelqu'une des modifications que j'ai proposées; je ne veux parler que des modifications fondamentales. J'aurai à revenir sur ce point.

(1) Inscr. *Carthag.* Voyez Gesen., *Monum.*, passim, et Bourgade, *Toison d'or*, etc., pl. 2 et 3.

(2) 8e *Tunisienne*, Bourg.

(3) 5e, 7e *Tunis.*

(4) *Inéd.* de M. Guyon, ci-après pl. 2, A.

(5) *Inéd.* d'*Arsenaria*, ci-après pl. 4.

(6) 1re *Malt.*, Gesen.

(7) 1re *Tunis.*

(8) 4e *Numid.*, Gesen.

(9) 11e *Tunis.*

(10) 6e *Tunis.*

(11) 2e et 3e *Numid.*, Gesen.

(12) 1re *Numid.*, Gesen. et 10e *Tunis.*

(13) 14e *Numid.*

(14) 11e, 12e *Numid.* Voyez mon *Etude démonstr.*, etc.

(15) 9e *Numid.*

(16) 10e *Numid.*, *Et. dém.*

(17) Cette interprétation appartient à M. Et. Quatremère. J'avais d'abord, dans mon *Et. dém. de la langue phén.*, etc., 1847, considéré אש comme un substantif signifiant soit *autel* par extension du sens primitif *feu*, soit *fondements, base*, en le dérivant de אשה, ou אשש. Mais plus tard, dans le cours de l'impression, en expliquant l'inscription de Marseille découverte durant cette impression, j'avais, aux p. 169, 171, et surtout

ou *Hoc vovit*, locutions autorisées chacune par la langue et qui n'ont plus besoin d'être discutées : je choisis *Hoc vovens*. Ces groupes isolés se montrent exclusivement dans des inscriptions de Carthage; elles les caractérisent en même temps que les formes des lettres. Je ne prends qu'un exemple, pour prouver que la leçon s'adapte au contexte entier. Voy. Gesen. Tab. 17, ʟ (5ᵉ Carthaginoise) :

Dominæ Taniti faciei Baa-	‫לרבת לתנת פן בע‬-
lis et Domino Baali Hammoni	‫לולאדן לבעל חפן‬
hoc vovens Abdmelqar-	‫אש נדר עבדמלקר‬-
t, sufes, filius Bodmel-	‫ת הספט בן בדמל‬-
qartis, filii Hannæ	‫קרת בן חנא‬.

La variante ‫נדר אש‬ est, au fond, identique; elle signifie : *Votum hoc vovens*, locution essentiellement hébraïque. Dans ‫נדער‬ et ‫נעדר‬ des variantes équivalentes des nᵒˢ 2 et 5, l'*aïn* est intercalé comme *mater lectionis*; c'est un rôle que cette lettre remplit très-fréquemment dans les inscriptions numidico-puniques; le fait est maintenant bien acquis et ne peut être contesté : on en voit d'autres exemples dans ‫בערכא‬ (nᵒ 2) et dans ‫שעמא‬ (nᵒˢ 2, 5, 14, 16), ‫כעשמע‬ (nᵒˢ 11, 12).

Dans le groupe suivant, qui est le premier dans les neuf dernières variantes, on ne trouve de

---

174, été amené à reconnaître que ‫אש‬ y est réellement mis pour ‫אשר‬, et, revenant sur la précédente discussion, j'avais en définitive adopté pour la première *maltaise* et les *carthaginoises* dans lesquelles ce mot se trouve le sens du pronom démonstratif; je maintenais à la p. 232 cette rectification. Je n'ai donc pas été peu surpris en voyant plus tard M. Munck, dans un article d'ailleurs fort remarquable précisément sur le monument de Marseille, *Journ. asiat.*, 4ᵉ sér. X, p. 478, critiquer ma première version sous le rapport de l'interprétation de ‫אש‬ sans avoir égard à ce retour et sans le mentionner. Au surplus, dans des ouvrages publiés depuis, MM. Bourgade (*Toison d'or de la langue phén.*, 1ʳᵉ éd., 1852, 2ᵉ éd., 1856) et Bargès (*sur 39 inscriptions puniques*, 1852) ont repris le fond de ma pensée première en en modifiant l'acception; ils prennent le groupe dans le sens de ‫אשה‬, *sacrifice* (chose brûlée).

Mon travail, achevé sur un premier plan en juin 1856 (je l'ai mentionné dans mon mémoire sur l'inscription de Sidon, *Rev. arch.*, nov. 1856), roulait particulièrement sur la première édition du mémoire de M. Bourgade, en même temps que sur celui de M. Bargès ; quelques-unes des rectifications que je proposais se trouvent parmi les changements apportés par M. Bourgade dans sa nouvelle édition. D'autres changements font tomber plusieurs critiques dans lesquelles j'étais entré et en exigent, à mon avis, d'autres. Les remaniements nécessités par ces circonstances ont été introduits, tantôt dans le corps du mémoire, tantôt en simples notes, suivant l'importance. Je maintiens, autant que possible, mon plan général.

Dans cette deuxième édition, M. Bourgade rattache à la formule ‫אש נדר‬ (var. ‫נעדר‬) dont il est question en ce moment la cinquième Numid. de Ges. ; il traduit ainsi :

Baali holocaustum vovit Hanna, filius Monekbalis	‫לבעל אש נעדר חנא בן פנכבעל‬
Laus ! Obsequenter solvit sacrum.	‫שאבה כשע(מ)א שרא האש‬

Je rectifie moi-même mes premières interprétations d'après cette vue, et je vais plus loin, car, dans le premier groupe, qui ne me paraît nullement pouvoir être ‫לבעל‬, je lis le premier terme ‫נדער‬; Je persiste à voir *Mutunbal* à la fin de la première ligne. Le premier groupe de la deuxième ligne, qui serait matériellement ‫שופש‬, mais ne présenterait alors aucun sens, peut, je crois, recevoir la restitution ‫שופת‬, pouh., *posuit*, beaucoup plus naturellement que ‫שאבה‬. Le reste de la ligne est fort difficile. Après m'être une fois déjà gravement fourvoyé, j'ose à peine proposer l'hypothèse suivante : ‫פגע אגרם האש‬, *occursum aquarum collectarum fulcire fecit*. ‫האש‬ pour ‫האשה‬; ‫אגלם=אגרם‬ ?

M. Ewald, *Entz. der neupun. Susch.*, Gotting. 1852, p. 25, met ‫נדער‬ au 1ᵉʳ mot; le reste de sa nouvelle version, à raison surtout de quelques transcriptions, selon moi, défectueuses, ne me paraît pas admissible, malgré ma profonde déférence pour un savant si digne de faire autorité.

sens qu'en prenant pour thème שמע, qui se trouve simple en effet au n° 3. א et ם qui remplacent l'*aïn* radical ou final aux nᵒˢ 2, 4, 5, 9, 10, 13, 14, 16 sont, par conséquent, des formatives d'inflexions. כ et ו ajoutés en tête sont des particules préfixes. L'*aïn* placé, en plusieurs cas, après le *caph* ou le *schin*, est, je le répète, *mater lectionis*.

שמע peut signifier ou *entendre , écouter, exaucer*, ou *obéir, obtempérer*. Le choix ne peut être déterminé que par le sens des groupes suivants. Parmi ceux-ci, l'on peut provisoirement négliger את qui ne paraît que dans trois cas sur seize , et semble, par conséquent, accessoire. Pour les deux autres groupes, excepté au n° 16, קל et ברך sont constants; il paraît donc que ce sont les thèmes; קל se montre aussi au n° 16. A la suite de ces thèmes viennent א ou ם qui doivent marquer des inflexions comme pour le thème שמע , et tout porte à croire qu'il doit y avoir concordance entre les trois appositions. ה et ו préposés à ברך aux nᵒˢ 6 et 10 doivent être des particules, et des particules d'un rôle secondaire, puisqu'elles n'existent que dans deux cas sur dix.

א est une inflexion inusitée en hébreu. ם , au contraire, y est la marque terminale du pluriel masculin dans les substantifs, les adjectifs et les participes. Aux nᵒˢ 6 et 12 , où il y a קלם ברכם , concordance, par conséquent, שמע reste à l'état radical; il n'y a donc point de rapport direct. Au contraire, au n° 13, nous voyons קלם שמם. De même , pour l'*aleph* , on trouve aux nᵒˢ 3, 7, 8, 11, קלא ברכא avec שמע, et aux nᵒˢ 2, 4, 9, 10, 14, קלא ברכא ou קלא seul ! avec שמא ou שעמא. Donc, d'une part, le rapport entre שמע et les deux autres groupes peut exister, mais n'est pas nécessaire ; d'une autre part, quand le rapport est noté, c'est toujours de ם à ם, et de א à א; donc, א n'indique pas le pluriel.

Nous commencerons par ce qui est connu , c'est-à-dire la marque du pluriel, et nous y aurons d'autant plus d'avantage que l'une des inscriptions qui portent cette marque (1ʳᵉ Maltaise), Gesen., tab. 6, est bilingue, savoir phénicienne et grecque.

Or, au premier coup d'œil sur le texte grec, on est frappé par la remarque qu'il y a deux personnages, sujets de l'inscription ; il est donc probable, dès l'abord, qu'à eux se rapportent קלם et ברכם. Ces deux personnages sont, en effet, dénommés dans le texte phénicien, qui se lit ainsi :

לאדנן למלקרת בעל צר אש נדר
עבדך עבדאסר ואחה אסרשמר
שן בן אסרשמר בן עבדאסר כשמע
קלם הברכם

Domino nostro Melqarti domino Tyri hoc vovens
Servus tuus Abdosir et frater Osirschamar,
Uterque filius Osirschamaris, filii Abdosiris,....

. . . .

עבדך, dont la leçon est incontestable et signifie *Ton serviteur* pour *Moi*, selon une tournure de courtoisie familière aux Orientaux, ne peut s'adresser qu'aux lecteurs de l'inscription , ainsi qu'on le voit souvent sur des épigraphes grecques et latines, ainsi qu'on le voit aussi dans l'épitaphe du roi de Sidon *Asmounazar*, ligne 6, אף אם אדם מי דברנך, *Que si un homme quelconque te dit le contraire*. C'est le voisinage immédiat de ce terme représentatif de la première personne singulier qui explique le singulier נדר. *Vovens*, bien qu'il s'agisse de deux personnes, de même que dans le verset 15 I-*Sam.*, xɪᴠ : וקיש אבי שאול ונר אבי אבנר בן אביאל, *Et Qis pater Saulis, et Ner, pater Abneris, filius Abielis*, בן est au singulier, bien que *Qis* et *Ner* fussent tous deux fils d'*Abiel*.

Des deux noms propres, le premier est traduit en grec, car on sait que le Dionysus ou Bacchus des Grecs était l'Osiris des Égyptiens ; donc, à raison de l'énergie de la terminaison, *Dionys-ios=Abd-Osir*. Le second, au contraire, est une traduction du mot égyptien *Osir-Hapi* ou *Osar-Hapi*, dont le grec *Sar-Apis* est la transcription avec aphérèse de la voyelle initiale. *Osir-Hapi* voulait dire théologiquement *Hapi* ou *Apis mort*. Mais les prêtres égyptiens se plaisaient à employer dans la langue sacrée des mots qui, en vertu d'acceptions diverses, réunissaient plusieurs idées, l'expression de plusieurs attributs lorsqu'il s'agissait d'une divinité. Cet artifice se montre, entre autres, dans le nom d'*Ammon*. De même *Hapi*, selon les variations de la première voyelle, et les voyelles sont toujours vagues, transmuables, peut signifier ou *Judex, judicans*, de *Hap, Judicium;* ou *occultus, occultans*, de *Hep, Hop, Hóp;* ou *Observans, aspiciens*, de *Hopi.* שמר, valant en hébreu *custodire* (1) (*claudere, occultare?*) et *observare, attendere, speculari*, répond aux deux derniers thèmes *Hep* ou *Hop*, et *Hopi*, surtout au dernier. En donnant même à *apión* une acception grecque, ἀπίων ionien pour ἀφίων, *renvoyant, éloignant*, le mot phénicien, dans l'une de ses significations, *observare ad excludendum, ad arcendum, abstinere*, peut encore s'y rattacher. Il n'est pas improbable qu'on ait eu égard à toutes ces combinaisons.

שבן est une locution phénicienne au lieu de l'hébreu שני בני (Cf. *Gen.*, xxxiv, 26; *Lév.* v, 7; I. R. iv, 14). Peut-être faut-il y voir, avec Bayer, une conséquence de la tendance constatée dans le phénicien à éliminer le *iod;* mais je suis plus porté à placer dans שן le singulier de שנים, singulier tombé en hébreu, mais conservé en phénicien et pouvant se rendre par *uterque*. L'ancien égyptien paraît avoir employé une locution analogue, car il disait : Afnau è ourómi snau, *Vidit hominem binum* pour *homines duos*. Voy. Tattam, *Gramm.* p. 49. Quoi qu'il en soit, la signification est indubitable.

Nous sommes arrivés à la partie du canevas formulaire qui est l'objet spécial de nos recherches.

La plupart de mes prédécesseurs (Cf. Gesenius, *Monumenta ling. phœn.*, etc., p. 96) regardent la quatorzième lettre, de droite à gauche, de la seconde ligne et la quatrième de la dernière ligne, lettres de forme identique, non comme des *hé*, ainsi que je le fais, mais comme des *iod;* ils lisent, par conséquent, dans le premier cas, ראחי, *Et frater meus*, et ils rendent la partie de formule dont nous nous occupons par כשכע קלם יברכם, *quum exaudierit vocem eorum, benedicat eis!* La figure en question, quoique se rapprochant de celle du *hé*, n'est jamais celle de cette aspirée sur les autres monuments, excepté une autre inscription de Malte dont je parlerai plus loin, et, d'un autre côté, le sens donné, en ne considérant que le texte dont il s'agit en ce moment, est assurément très-naturel. Mais nous allons voir qu'en étendant l'analyse à toutes les inscriptions analogues, on arrive à ne plus pouvoir appliquer une interprétation correspondante.

Il en est déjà ainsi de l'épigraphe rapportée en double exemplaire, savoir l'un, Gesen. tab. 21 (1ʳᵉ Numide), notre var. A, et Bourg. 10ᵉ Tunisienne, notre var. B, épigraphe qui se rapproche le plus de la précédente par l'existence des groupes קלם ברכם.

Les terminaisons de ces deux mots indiquent encore qu'il doit y être question de deux sujets. Or, M. de Saulcy, *Rev. archéol.* déc. 1846, p. 574, qui a le premier, pour l'exemplaire A, reconnu la valeur ם des terminaisons de קלם ברכם, a corrélativement prouvé qu'on trouve en effet l'indication de deux individus avec leurs filiations séparées par la copule *vau* comme sur l'inscription précédente. Mais il y a plus. Celle-ci est en double exemplaire sur l'une des faces des piédestaux de deux colonnettes de formes semblables; il n'y a que quelques différences d'art dans la gravure de chaque texte. Ces deux exemplaires représentent donc les deux participants à l'acte commémoratif qui ont gravé les épigraphes chacun pour son compte avec des talents différents ou ont employé deux artistes.

Or, l'inscription que nous examinons est jumelle aussi. L'exemplaire A, celui auquel se rapporte le commentaire de M. de Saulcy, était connu depuis longtemps; il a été découvert en 1833, par sir Grenville-Temple, dans le bourg de *Maghrawa*, près de l'ancienne *Tucca Terebenthina*, et déposé dans le musée de la Société asiatique de Londres. L'exemplaire B faisait partie d'une collection recueillie à Tunis par M. Honegger, et qui, laissée par lui en nantissement chez l'évêque *in partibus* de cette ville, fut vendue en 1852.

---

(1) On sait que Sérapis est souvent représenté ayant pour symboles deux clefs à la main et un chien assis à ses pieds.

M. l'abbé Bourgade avait eu, avant la vente, des copies de plusieurs de ces inscriptions, et c'est sur ces matériaux qu'il a composé la première édition de sa *Toison d'or,* laquelle a elle-même servi de base à M. Bargès pour un mémoire qui a paru peu de temps après, ainsi qu'à M. Ewald pour un article publié la même année, *Gotting. gel. Anz.,* auquel j'ai déjà fait allusion. Le nombre des copies montait à trente-neuf, ainsi que l'énonce le titre du mémoire du second de ces auteurs. Moi-même, un peu avant la vente, j'avais reçu, par l'entremise obligeante de M. A. Rousseau, premier interprète du consulat français à Tunis, des copies de vingt-deux inscriptions de la même collection. Vingt et une correspondaient à un même nombre de celles publiées alors par M. Bourgade, savoir : les 5e, 9e, 10e, 13e, 14e, 15e, 17e, 20e, 22e, 23e, 25e, 26e, 28e, 29e, 30e, 31e, 32e, 33e, 34e, 35e, 39e Tunisiennes ; une de mes copies, bilingue, ne se trouvait point parmi celles du savant abbé. C'est à l'aide de ces matériaux que j'avais d'abord entrepris le travail critique dont j'ai parlé. Mais M. l'abbé Bourgade lui-même, peu de temps après la mise au jour de son ouvrage, s'est rendu acquéreur des monuments originaux. Cette possession l'a mis en position de faire des rectifications à plusieurs des dessins qu'il avait d'abord donnés et, par suite, des changements assez considérables à la plupart de ses interprétations ; elle lui a fait connaître aussi l'inscription bilingue dont j'avais une copie, la 5e Tunisienne bis de la seconde édition. Toutefois, les corrections ou additions qu'il a faites à ses planches ne sont pas toujours suffisantes ; elles ne correspondent pas toujours complétement aux originaux. C'est particulièrement ce qui a lieu, en ce qui concerne l'ornementation, pour la pierre dont nous nous occupons en ce moment. L'inexactitude de la reproduction affaiblit la ressemblance avec la première Numidique de Gesenius. Afin de réparer ce défaut, je donne, pl. 1, un nouveau dessin. Le sommet en pointe est caractéristique, et l'omission de cette particularité était regrettable. Il en est de même de la partie inférieure de la sculpture, qui contribue surtout à établir la ressemblance avec la première Numidique. A la vérité, sur l'exemplaire de Gesenius, on ne voit point, au-dessus du cartouche contenant l'inscription, le croissant lunaire surmonté d'un globe comme sur l'exemplaire nouveau. Je ne crois pas que cette circonstance, si on la considérait comme exacte, fût de nature à invalider les autres éléments de similitude. Mais, d'ailleurs, le croissant est un emblème si constant sur tous les autres monuments analogues, que je ne pense pas qu'il ait réellement manqué ici ; je suis au contraire convaincu qu'il existait et que l'usure seule de la pierre l'a fait disparaître ; le tableau serait, sans cela, évidemment incomplet.

MM. Bourgade, Bargès et Ewald ont sans peine reconnu que les deux premières lignes contiennent une formule identique à celle de la première Numidique de Gesenius ; mais ils n'ont point poussé plus loin le rapprochement ; ils ne se sont point aperçus que c'est en totalité la même inscription ; que c'est, comme la première Maltaise, une œuvre jumelle, parce qu'il y a de part et d'autre deux dédicateurs. Le premier, qui a repris à cette occasion la traduction de la première Numidique en ne parlant que de Gesenius, sans mentionner, j'ai regret à le dire, mon travail subséquent, ni celui de M. de Saulcy, auquel il emprunte cependant une explication importante, le premier, dis-je, rend de manières différentes la partie qui suit la formule sur les deux exemplaires.

M. de Saulcy transcrit la première ligne de la première Numidique comme je l'avais fait en 1842, savoir : לאדן בעל חמן כעשמע, puis il rectifie en partie le reste de cette manière, en négligeant les petits caractères ramassés au coin de gauche :

קלם ברכם בעלא המכתעבם

עת..א... בן משינען ו

יעשכתך בן משיתנען

Et il traduit : « *Au Seigneur Baal-Khamon; dès qu'il a écouté leurs prières, il les a bénis. Ceux qui ont ordonné d'écrire ces lignes sont At....ben Melinan et Jachiktak ben Mesitenan.* »

En me tenant d'abord à la formule, je ne crois pas qu'on puisse dire d'emblée : *Dès qu'il a écouté leurs prières, il les a bénis,* avant d'avoir indiqué de quoi il s'agit.

M. Bourgade, qui exclut aussi les petits caractères du corps de l'inscription (1), transcrit ainsi dans sa 2ᵉ édition :

לאדן בעל חמן כעשמע
קלם ברכם בעלא־המכת־עלם
עת...אברכא בן מצינען י
יעשכתן בן מצילנען

et il traduit : *Domino Baali Hammani ex voto solverunt (sacrum) heri percussionis acervi (vel fragmentorum acervi) Atbarka filius Masidonis et Jasuctan filius Masildonis.*

Ainsi cet auteur adopte ce qu'il y a d'essentiel dans mon idée, savoir, que les noms propres sont les sujets des thèmes שמע, קל, ברך, et que le premier de ces thèmes emporte le sens d'obéissance, d'exécution d'une chose promise. Pour l'appréciation complète des détails, il faut examiner concurremment le texte de l'exemplaire nouveau, celui de la 10ᵉ Tunisienne. Cet exemplaire permet de rectifier la copie, malheureusement si défectueuse, de sir Temple.

M. Bargès, après la 1ʳᵉ édition de M. Bourgade, a transcrit et traduit ainsi :

לאדן בעל חמן כע שמע קל מ
ברכם בעלא המכן עום עת
אשרם עבדן ושנענן וישבבעי בן
משקלעת בן בעלשלך בן יבשר

Domino Baali Hammoni, quia exaudivit vocem supplicantium, loci hujus excelsi incolarum fortunatorum, Abdonis et Senanen et Isbebai, filiorum Miscalati, filii Baalsilechis, filii Ibsari.

M. Bourgade dans sa 2ᵉ édition :

לאדן בעל חמן כעשמע קלם
ברכם בעלא־המכת־ערמעת ב.....
...אשנכמען בן ישתעתן וישנגעי בן
אצקלען בן בעל־שלך בן יכשף

Domino Baali Hammoni ex voto solverunt sacrum supplicantes, heri percussionis acervi (id est, qui fecerunt monumentum sumptibus suis)... (filius) Asanmânis, filii Istatenis, et Isannai, filius Ascalânis, filii Balsâlukh, filii Iksef.

Il y a d'abord quelques observations à faire, de part et d'autre, sur certains points de la transcription. M. Bargès a négligé le dernier caractère de la seconde ligne. A la vérité la courbure de ce caractère sur la première planche de M. Bourgade l'aurait peut-être induit en erreur; mais l'omission n'est pas moins à signaler. A la 3ᵉ ligne, la 6ᵉ figure, à raison de sa longueur, ne peut qu'être un *nun* et non un *beth*. Les 11ᵉ et 13ᵉ, armées d'un crochet à l'extrémité supérieure, crochet qui n'existe point là où la présence d'un *nun* est certaine, par exemple dans le mot בן, ne peuvent être des *nun* ; ce sont des *tau*. Au 10ᵉ rang de la 3ᵉ ligne et au 2ᵉ de la 4ᵉ ligne, on doit voir des *tsadé* au lieu de *schin*. Enfin le prolongement de l'antépénultième figure de la dernière ligne, comparativement à la longueur du *beth* dans les mots où l'existence de cette lettre est certaine aussi, empêche de voir en ce point un *beth*. Ces inexactitudes toutefois n'affectant que des noms

---

(1) Il donne de ces caractères une explication mystique qui tombera, je pense, devant la simplicité de mon interprétation.

propres, n'ont d'importance qu'en ce qu'elles obscurcissent la ressemblance avec la 1re Numidique. M. Bourgade, de son côté, suppose à la fin de la seconde ligne et au commencement de la
suivante des lacunes qu'il évalue l'une par cinq points, l'autre par trois. Pour celle-ci, il est évident qu'elle n'existe pas. Quant à la fin de la seconde ligne, la comparaison du lieu correspondant de la 1re Numidique indique en effet assez d'espace, aussi bien qu'à la fin de la seconde
ligne de la 10e Tunisienne, pour faire supposer une lacune, mais moins considérable que tend à
le faire croire le nombre de points; elle peut être d'une ou de deux lettres, et, comme il s'agit ici de
noms propres, ce doit être le groupe בן. M. Bourgade me paraît avoir figuré à tort, comme
M. Bargès, un *schin* au lieu d'un *tsadé* au 10e rang de la 3e ligne. Enfin la sixième figure de la
dernière ligne ne peut être qu'un *tau*. La restitution d'un *aleph* au début me paraît justifiée par
l'exemple cité de la 17e Tunisienne.

Voici comment je transcris les deux exemplaires, celui de sir Temple, 1re Numid. de Gesen., sous
la lettre A, et celui de M. Bourgade sous la lettre B.

<table>
<tr><td align="center">B</td><td align="center">A</td></tr>
<tr><td align="right" dir="rtl">לאדן בעל חמן כעשמע קלם</td><td align="right" dir="rtl">לארן בעל חמן כעשמע</td></tr>
<tr><td align="right" dir="rtl">ברכם בעלא המכתערם עתר בן</td><td align="right" dir="rtl">קלם סרכם בעלא המכתערם</td></tr>
<tr><td align="right" dir="rtl">אשרמען בן יצתעתן ו ישרבעל בן</td><td align="right" dir="rtl">עתר בן אשרמען בן יצתעתן ו</td></tr>
<tr><td align="right" dir="rtl">אצקלעת בן בעלשלך בן יכשר</td><td align="right" dir="rtl">ישרבעל בן אצקלעת בן בעלשלך בן יכשר</td></tr>
</table>

Les petits caractères de la pl. de Gesenius sont compris dans la transcription A. En comparant
les dispositions des deux exemplaires, on voit que le graveur, qui a probablement commencé par la
pierre A, et qui paraît assez manifestement avoir voulu faire coïncider la fin de chaque ligne avec
l'une des divisions principales du texte, n'a pas donné une suffisante étendue aux trois premières
lignes, en sorte qu'il a été surpris par le manque d'espace au bout de la dernière et s'est trouvé dans
la nécessité de serrer les caractères au coin correspondant. Mais averti par ce mécompte, il a pris de
meilleures mesures sur la seconde pierre. On saisit, si je ne m'abuse, assez de points de repère dans
les deux dernières lignes de la copie de sir Temple avec la partie correspondante de l'ex. B pour
être autorisé, en se fondant en même temps sur les autres caractères de ressemblance, à une restitution complète.

Je ne m'attache qu'à la formule.

Les interprétations de MM. Bourgade et Bargès, bien que si différentes entre elles, sont l'une et
l'autre ingénieuses en ne les considérant qu'au point de vue isolé du monument dont il est question.
Cependant j'aurais peine à admettre que פלה employé d'une manière absolue, comme ici, pût signifier expressément *Brûler* une offrande, *accomplir un sacrifice*. Mais, sans s'arrêter à ce détail,
comment appliquer les interprétations dont il s'agit à l'ensemble des textes? C'est toujours là qu'il
faut en venir.

D'abord, au sujet de וישמם קלם, n° 13 du tableau synoptique, les partisans de la donnée primitive de P. Bayer, y compris, en dernier lieu, M. Bargès, diront-ils : *Dès qu'il eut entendu eux leurs
voix* ou *parce qu'il a exaucé eux leur prière?* C'est évidemment impossible. Sans le *vau* préfixe,
M. Bourgade pourrait dire : *Obedientes solverunt (sacrum)*; mais de la particule initiale que faire?

Poursuivons :

Pour les variantes où domine l'*aleph*, MM. Bourgade et Bargès donnent les versions suivantes :

M. Bourgade.   M. Bargès.

1° { *Ex voto (Obsequens) so-lvit sacrum.*	} *Exaudivit vocem supplicantem*	שמע קלא ברכא

M. BOURGADE.	M. BARGÈS.	
2° { *Ex voto solvit sacrum;* *Ex voto solverunt sacrum.*	*Quia exaudivit vocem supplicantem.* }	כעשמע קלא ברכא
3° { *Fidelis solvit* (שמא *קלא*).	*Exaudivit vocem supplicantem.*	שמא קלא ברכא
4° *Obsequens id de quo conventum solvit benedicens.*	*Exaudivit (ille) vocem supplicantem.* }	שעמא את קולא בערכא
5° *Et obsequens significatum cremavit.* }	. . . .	ושעמא את קולא
6° *Sic obsequens torruit et adoluit.* }	. . . .	כשעמא קלא וקטירא

M. Bourgade, en ce qui regarde ברכא, est en contradiction pour le sens dans ses différentes versions; aux pp. 6, 1ʳᵉ éd., 18, 2ᵉ éd. (1ʳᵉ Tunis.), et 10, 1ʳᵉ éd., 29, 2ᵉ éd. (11ᵉ T.), il traduit par *Benedicens et supplicans,* de même qu'à la p. 10, 1ʳᵉ éd., 28, 2ᵉ éd. (10ᵉ T.), il avait rendu ברכם par *supplicantes,* et à la p. 12, 1ʳᵉ éd., 31, 2ᵉ éd. (1ʳᵉ, 2ᵉ, 3ᵉ, 4ᵉ Numid. de Gesenius), il met *sacrum.* Dans ce dernier cas il est en opposition avec ce qu'il avait écrit à la p. 3, 1ʳᵉ éd., 15, 2ᵉ éd., savoir : « Est-ce (ברכא) un substantif, rappelant l'objet du vœu et faisant l'office de complément du verbe *Kala*? Ce n'est pas vraisemblable, etc. » Il eût été si facile, dans le système même de l'auteur, d'éviter cette contradiction, que je serais disposé à n'y voir qu'une inadvertance. Cependant, sans s'en rendre bien compte, M. Bourgade a cédé peut-être à l'action divergente de deux objections qui se présentaient à son esprit judicieux. D'abord se sont sans doute offertes les raisons exposées en dernier lieu pour repousser la pensée de faire de ברך un substantif, et de là la première acception, celle d'un participe, sans rapport direct avec קלה; mais ensuite, d'une autre part, cette double réflexion sera survenue : comment expliquer l'*aleph* terminal dans le participe supposé ברכא venant de ברך et s'appliquant à un sujet masculin; comment donner à קלה le sens explicite de *brûler* UNE OFFRANDE sans un régime exprimant cette idée d'offrande, de sacrifice? On est donc revenu à faire de ברכא un substantif, le mot spécialisant le sens du verbe précédent en l'assimilant sans doute à l'hébreu ברכה et en étendant l'acception de ce terme. Quant à l'*aleph* de קלא on le regarde probablement comme une mutation aussi du *hé* du verbe hébreu. Quoi qu'il en soit de ma supposition, les objections ne sont pas moins fondées dans leur double point de vue, et s'opposent en raison à l'admission de l'une et de l'autre des deux interprétations qui, en fait, se neutralisent d'ailleurs par leur opposition réciproque.

Pour les quatre dernières variantes, M. Bourgade ne s'explique pas davantage sur l'*aleph* qui termine שמא ou שעמא, comme il termine קלא ou קולא, et ברכא ou בערכא. Il paraît n'avoir pas été frappé de cette concordance qui, à côté de celle du *mem* dans קלם ברכם, קלם הברכם, méritait pour le moins d'être signalée. Il regarde probablement l'*aleph* de שמא, שעמא comme amené par une permutation avec l'*aïn* radical; la prédilection marquée des indigènes pour l'*aïn* rendrait cette opinion peu vraisemblable, indépendamment des considérations prépondérantes de concordance.

La 5ᵉ var. ושעמא את קולא, n° 14 du tableau général (12ᵉ Num.), est reproduite à tort par M. Bourgade, pour le premier groupe, avec cette orthographe ושמע, p. 11 de son mém., 1ʳᵉ éd. et 30 de la 2ᵉ. Cette inadvertance dissimule le retour significatif de l'*aleph*. Dans cette variante et dans la précédente שעמא את קולא בערכא, ne pouvant, avec les auteurs qui regardent קל comme un substantif régi par שמע, faire de את la particule attributive, ni avec moi un nom ayant pour sens *signe, monument,* car il serait impossible de dire *a brûlé le monument,* le savant missionnaire donne à ce groupe l'acception de *convention, consentement,* puis, par une extension exagérée, *objet convenu*, et il y voit une manière cachée de désigner un enfant qui, d'après un vœu, une convention, a été brûlé, sacrifié à Baal. Il s'appuie sur un commentaire de M. Glaire au sujet du mot אות dans le v. 15, ch. ɪᴠ, de la *Genèse*. Mais, dans l'opinion, d'ailleurs vague, du traducteur, il s'agit de convention sous le rapport du *signe*, du gage, non de l'*objet*, et l'un ne pourrait être pris pour l'autre; aussi j'avais moi-même antérieurement invoqué ce passage dans un autre sens et pour étayer la signification directe de monument. Les conventions étaient souvent scellées dans l'antiquité par un acte matériel, un signe, comme dans nos campagnes la paille rompue, mais cela ne pouvait équivaloir à l'objet même de la convention, à la chose à livrer, par exemple. D'ailleurs les monuments qui portent ce mot appartiennent à une localité très-circonscrite; ils présentent les caractères d'une même époque; ils sont relativement nombreux; il n'est donc pas probable que les sacrifices barbares dont il s'agit eussent pu rester secrets, qu'ils eussent pu, par conséquent, se répéter aussi fréquemment que l'impliquerait le nombre des inscriptions, qu'enfin le voile d'une expression si énigmatique eût été ou efficace ou nécessaire. M. Bourgade ne fait aucune observation sur le *vau* qui s'introduit ici dans קילא. Cependant, en toute circonstance, l'interposition de cette servile entre les lettres radicales du verbe קלה à ce temps me semblerait inexplicable; elle me le paraît surtout dans les inscriptions d'une contrée dont les indigènes avaient, au contraire, de la tendance à supprimer le *vau* quiescent là où il aurait pu se trouver normalement. En troisième lieu, pour justifier le sens conjonctif prêté au *vau* initial de la proposition, on est obligé de trouver dans la partie intermédiaire du contexte un autre verbe qui, j'espère le prouver plus tard, n'y existe pas.

Enfin, dans la dernière variante, כשעמא קלא וקטירא, M. Bourgade voit avec raison dans קטיר le verbe signifiant *adolere, fumigare*. Mais, en en faisant la 3ᵉ p. du s. m. du prétérit, pourquoi l'*aleph* final? A la vérité, l'auteur ne présente que la forme קטיר, et la brisure qui existe après l'*aleph* qui suit ce mot au commencement de la 3ᵉ ligne, peut légitimement faire mettre en doute si cet *aleph* appartient au mot qui finit la seconde ligne, ou s'il était l'initiale d'un autre mot. Mais, m'appuyant sur la force du parallélisme, je n'hésite pas à croire qu'on doit lire וקטירא, comme on voit וברכא au 10ᵉ exemple du tableau général des variantes formulaires.

Cette dernière variante appartient à la 6ᵉ *Tunisienne* de M. Bourgade. La 3ᵉ lettre est réduite à un cercle; aussi le savant abbé en fait un *aïn* et lit ובעכא, pour ובכה (obsequens solvit) *et flevit*. Mais l'analogie si puissante du parallélisme ne porte-t-elle pas irrésistiblement à penser que le cercle dont il s'agit est la tête d'un *resch* dont la queue est effacée, comme un petit trait a disparu à gauche de l'extrémité supérieure du *vau* que M. Bourgade a bien reconnu à la direction de sa queue à droite? Mais il y a un indice matériel même de l'existence primitive d'une lettre ayant un jambage descendant, c'est la position élevée du cercle. D'ailleurs, l'action de pleurer eût été en opposition avec les convenances et les prescriptions religieuses; on devait accomplir les vœux *libens animo;* des pleurs eussent paru une manifestation opposée à la bonne volonté qui devait présider à tout sacrifice et dont l'apparence était nécessaire même de la part de la victime, car elle devait marcher à l'autel sans résistance, et on l'ornait souvent d'emblèmes de fête. Il était interdit de pleurer, même aux mères des enfants jetés vivants dans le brasier de Baal (1). Dans les circonstances qu'invoque M. Bourgade, p. 8, 1ʳᵉ éd., et 24, 2ᵉ, il n'est point question de sacrifices, et il devait ne point y en avoir, puisqu'on disait la divinité morte. Si donc il y a וברכא, et, je le répète, le parallélisme pousse à cette leçon, c'est un verbe dont le thème est ברך, et que signifie alors l'*aleph* qui y est ajouté? Comment ne pas en faire une adformante? Dès lors, comment ne pas faire une adformante aussi de la même lettre terminant קלא qui précède, qui est uni par la copule et doit être, par conséquent, un verbe en concordance? Sans aucun doute c'est cette pressante difficulté qui a porté M. Bourgade à lire ici, contre

---

(1) « Saturno in nonnullis Africæ partibus à parentibus infantes immolabantur, blanditiis et osculo comprimente vagitum, ne flebilis hostia immolaretur, » dit Minucius Felix in *Octavio,* édition de Chr. Cellarius (5ᵉ), Leips., 1761, p. 114 et 115.

la vraisemblance analogique, בעכא un groupe que, dans sa 1re éd. il avait lu, bien qu'écrit alors de même, mais sans *vau* préfixe, ברכא sur la 5e de ses inscriptions.

M. Bargès regarde l'*aleph* comme permutant avec l'*aïn* radical dans שמא, שעמא, pour שמע ; comme ajouté, suivant le mode chaldaïque, à קל pris pour substantif et équivalent de l'hébreu קול, *voix;* comme permutant avec ה, signe sans doute du féminin, dans ברכא pour ברכה. Ainsi cette lettre, malgré la constance de sa présence dans les deux groupes, en regard, je ne saurais trop le répéter, du *mem* correspondant dans la 1re *Maltaise* et la 1re *Numidique*, n'est point considérée comme une marque grammaticale corrélative; celui qui termine souvent שמא ou שעמא n'est point rattaché au même rôle, malgré la concordance matérielle. Mais il n'est pas vraisemblable que ברכא en particulier représente ברכה, participe féminin régi par קל, car קול est masculin, קול גדול (Bible, *passim*), *grande voix*. D'un autre côté, l'interprétation de toute la partie de formule est incompatible avec la variante שמא קלא וברכא dont j'ai parlé précédemment. M. Bargès lit, il est vrai, שמא קלא ברעכא. Il maintient ainsi l'analogie générale en conservant le thème ברך ; mais il en fixe mal les éléments, car là où il met le *beth* est certainement un *vau* caractérisé par la flexion à droite du jambage descendant, ce qui n'a pas échappé à la sagacité de M. Bourgade ; ברכא est formé par les quatre figures suivantes. Or וברכא doit être, dans le système de M. Bargès, au même temps, au même nombre et à la même personne que שמא, c'est-à-dire à la 3e p. s. m. S'il n'est pas, à la rigueur, impossible, dans ce cas, que l'*aleph* final remplace, dans שמא, un *aïn* radical, comment expliquer son addition à ברך, qui est la forme de la 3e p. s. m. du prétérit? En second lieu, dans des formules si évidemment similaires, pourrait-on donner au même mot des rôles syntactiques si différents, dans tels cas *Exaudivit vocem* BENEDICENTEM, dans tel autre *Exaudivit vocem* ET BENEDIXIT? N'est-il pas de toute vraisemblance qu'il doit y avoir unité de sens, unité d'interprétation? Ainsi cette variante est une des principales pierres d'achoppement pour les deux systèmes.

Je ne suis pas encore au terme de la partie critique de cette argumentation. La variante ושמם קלם, qui était à la vérité inconnue à mes devanciers, corrobore et me paraît confirmer définitivement mon opinion que, de même que le *mem* qui termine ici שמם et correspond évidemment à celui qui termine קלם, l'*aleph* final de שמא, שעמא, et de קלא, קולא, קלא ברכא, remplit un office grammatical, le même dans les trois mots et corrélatif au *mem* de ושמם קלם, de ....קלם, et de קלם ברכם. J'ai publié cette opinion en 1842, *Essai sur la langue phén.*, etc. J'ai considéré קלם ברכם comme des verbes à la 3e p. pl. m. du prétérit. M'appuyant sur le principe reconnu que les terminaisons verbales sont des débris des pronoms personnels, je regardais le *mem* adformant de ces mots comme représentant le pronom isolé הם et ayant dû être usité pour former la 3e pers. pl. avant ו resté seul en hébreu, de même que je voyais dans א de l'autre série formulaire le vestige du pron. de la 1re p. sing. אנא. Depuis, dans un remarquable article sur la conjugaison et les pronoms dans les langues sémitiques, *Journ. asiat.* 4e s. xv, p. 87, 91-93, M. Derembourg a signalé aussi le rapport qui existe organiquement entre le *mem* et le *vau*, particulièrement dans le pronom et dans l'inflexion verbale dont il s'agit en ce moment. Je préfère toutefois aujourd'hui voir simplement dans cette forme un participe pour le prétérit, ce qui est autorisé par d'assez nombreux exemples de la Bible (1).

Attribuant corrélativement à l'*aleph* de קלא ברכא la puissance d'une adformante, j'ai dû rattacher cette inflexion au singulier puisque c'est une concomitance constante de cet *aleph* que les inscriptions où il se trouve n'ont qu'un sujet, tandis que celles où figure le *mem*, marque du pluriel, en ont deux. Mais il était impossible de suivre intégralement la comparaison en assignant cette inflexion à la 3e p., puisqu'au masculin, exigé par le genre du sujet, la 3e p. s. du prétérit n'a pas de formative. Or le verbe gouverné par le sujet d'une inscription ne peut être qu'à la 3e personne

---

(1) M. Bourgade semble exprimer aussi cette opinion à la p. 4, 1re édit., 15, 2e édit. de son mémoire; mais à la p. 24, 1re édit., 48, 2e édit., il la contredit et présente un avis semblable à celui que j'abandonne.

ou à la première. Je me suis donc arrêté à la 1re pers. sing. Bien que cette forme soit étrangère à la plupart des autres dialectes sémitiques, elle peut s'expliquer très-naturellement par l'analyse du pronom isolé אנא qui existe en chaldéen, en arabe, en syriaque, etc. Ce que je disais alors sur ce point s'est trouvé d'accord avec les remarques ultérieures de M. Derembourg, *mém. cité*, p. 91, 92 et 98. L'existence d'une forme verbale dans une seule des langues appartenant à une même famille, quand on peut surtout trouver un lien et remonter à l'origine par des déductions analogiques, n'est pas un motif pour nier cette forme, car, dans ce cas, il faudrait nier la formative de la 1re p. s. de l'éthiopien. Mais, au surplus, MM. Schwartze, Benfey et de Rougé ont montré que la même forme existait dans l'ancien égyptien, dont la conjugaison, dans son essence, était analogue à la conjugaison sémitique, et j'ai, dans un travail spécial sur les affinités du berbère avec l'égyptien, indiqué le fil qui rattache cette forme à celles des langues sémitiques. J'ajouterai enfin qu'elle existe positivement dans le dialecte targumique, ex. וביגך ביגא, *Inter me et inter te*, I *Sam.* xxiv, 16 et 24. J'ai ici à prouver la réalité de cette forme dans le dialecte numidico-punique.

Il faut préalablement être fixé sur le sens des thèmes auxquels s'opposent tantôt la lettre ב, tantôt la lettre א.

Il en est un sur lequel tout le monde est d'accord au fond, nonobstant les nuances résultant de la différence des sujets qu'on lui donne, c'est ברך, בערך, *Benedicere*. Il y a unanimité aussi pour rapporter שמע, שעמע au sens primordial *Entendre, écouter ;* mais les uns, depuis Barthélemy jusqu'à M. Bargès, dans l'acception spéciale d'*exaucer ;* les autres, c'est-à-dire moi et M. Bourgade, dans celle d'*obéir*, d'*obtempérer* ou d'*exécuter*, d'*accomplir un ordre* ou *une promesse*. C'est sur קל que portent les principales divergences, et c'est du sens qu'on lui assigne que découlent les différentes acceptions des deux autres thèmes. Nous avons vu que la majorité des auteurs lui donnent la signification de *voix, parole, prière*, קול des Hébreux, et alors שמע se rend par *exaucer ;* il a pour sujet la divinité à laquelle la dédicace est adressée ; ברך a pour les uns le même sujet et signifie *Bénir, accorder des grâces, des bienfaits* ; pour M. Bargès, il est complément de קל et se trouve traduit par (voix) *suppliante*. Pour M. Bourgade il représente קלה, *Brûler,* savoir une offrande, une victime, et se rapporte à l'auteur de l'inscription ; שמע suit alors le même mouvement et signifie *Exécuter,* savoir, un vœu, une promesse ; ברך a tantôt le même sujet, mais il est mis au participe et expliqué par *Bénissant, rendant des actions de grâces, accomplissant les rites ;* tantôt il est attribut de קל et interprété par *sacrifice*. Je crois avoir prouvé qu'admissibles dans quelques cas particuliers, ces versions sont inapplicables dans d'autres, et que ne répondant point, par conséquent, à la communauté textuelle de la formule, elles ne résolvent point le problème. D'autres motifs de rejet, puisés dans l'examen détaillé des contextes entiers, se présenteront plus tard.

Les partisans de la leçon *Entendre la voix, exaucer la prière*, ont été mus par le rapprochement des deux premiers groupes avec la locution שמע קול qui se montre souvent en ce sens dans la Bible. Mais les deux derniers groupes rappellent aussi deux mots non moins souvent, non moins solennellement surtout, réunis dans la Bible et dont le rapport m'a frappé, קלל וברך, *Maudire et bénir*. Considérant alors la destination des monuments, destination qui est sépulcrale, il m'a paru que ce double sens s'appliquait très-bien à la protection religieuse des tombeaux, qui avait tant de puissance dans l'antiquité et qui n'avait de garantie que dans les menaces de punition divine ou les promesses de bienfaits, suivant la violation ou le respect, dans l'imprécation ou la bénédiction.

La croyance à la destination sépulcrale m'avait été d'abord suggérée par la forme conique de l'extrémité supérieure des pierres (1) ; par la remarque que les auteurs adonnés à la question qui ont

---

(1) M. Bargès, p. 3 de son mém., dit à tort que les petits monuments sur lesquels sont gravées les inscriptions puniques qui nous occupent ressemblent aux *arœ* ou autels votifs des Romains, et présentent la forme d'une base ou d'un piédestal de colonne. Il suffit de jeter les yeux sur plusieurs des planches de Gesenius, sur celles de la collection de M. Bourgade, dont quelques-unes d'ailleurs sont incomplétement dessinées, pour se convaincre du contraire. J'avais depuis longtemps insisté sur ce point.

recueilli plusieurs de ces pierres en Afrique et ont apprécié les circonstances sur place, Humbert et Falbe, ont regardé ces monuments comme tumulaires. Depuis, c'est-à-dire en 1851, j'ai reçu de Ghelma, par les soins obligeants de mon confrère, M. Puel, alors médecin en chef de l'hôpital militaire de cette station, un fragment de stèle avec une inscription portant la formule ושעמא את קולא, voy. pl. 2, et M. Puel, en m'en annonçant l'envoi, m'écrivait : « La pierre est en marbre » rouge assez commun aux environs de Ghelma. Elle avait à peu près de longueur 50 centimè- » tres, de largeur 25, d'épaisseur 10, dimensions qui étaient primitivement plus considérables » dans le sens de la longueur, car elle était cassée, et la brisure a porté sur une sculpture dont il » reste quelques parties (extrémités inférieures d'un personnage entre deux colonnes). D'après les » renseignements fournis par le propriétaire, M. Boucher, elle a été déterrée à environ dix mètres » de la place qu'elle occupait (une maison de la rue Duquesne). Elle était placée à l'extrémité » d'une auge qui a été cassée (1) et dont la longueur était d'environ deux mètres. La cavité » de cette auge était dirigée en haut et recouverte de briques formant au-dessus une espèce de toit. » Cette auge ne portait ni inscription, ni sculpture, contrairement à d'autres trouvées à quelques » pas de là et sur lesquelles se montrent des sculptures diverses. » Ces précieux détails ne permet- tent pas de douter de l'existence en cet endroit d'un cimetière, ni de la relation de la stèle avec l'auge mortuaire.

Quant au monument de Malte, Gori en disait dans sa *Storia antiquaria Etrusca*, p. cvii : «Riflette » di più il sig. march. Maffei, che la colonnetta, che si sta sopra, può in qualche modo convenire » a inscrizione sepolcrale, non però a votiva. » Raoul-Rochette, dans le t. xvii des *Mém. de l'acad. des inscr.*, p. 85, assigne à ces petites colonnes, dites des candélabres, une destination funéraire.

Enfin l'inscription numidico-punique portant la partie de formule ושכם קלם contient au com- mencement de la seconde ligne (voir *Et. dém.* pl. xx), les mots מן אבן, *Impositio lapidis* (2), qui

---

(1) J'ai vu plusieurs cercueils semblables à Ghelma pendant le séjour que j'y ai fait en 1837 ; le fond était, à l'extrémité correspondant à la tête, saillant en forme d'oreiller.

(2) A מן se rattachent diverses variantes, savoir : sur les inscriptions de la Numidie, מונא, מועגא, מוענע, מונח ; sur des monuments d'Athènes et de Citium, ומונא, ימונאת. Dans la première catégorie, la variante em- ployée est toujours unie à אבן ou à l'une des modifications orthographiques de ce mot עבן, הכן. On sait que Gesenius, groupant les lettres différemment, y voyait l'expression de l'immolation d'un fils. J'ai ouvert une nouvelle voie dans une ébauche envoyée en 1839 à l'Académie des inscriptions en considérant אבן ou עבן comme signifiant *Pierre, pierre sépulcrale*, et מען comme se rattachant au verbe hébreu qui veut dire *charger, im- poser un fardeau.* Je crois pouvoir dire que, nonobstant des nuances secondaires, l'idée mère est aujourd'hui exclusivement adoptée. M. Bourgade prend pour thème l'hébreu מוג, *canistrum.* Il pense, à tort, selon moi, que, dans sa 29ᵉ *Tunisienne,* le mot est employé comme verbe ; mais il est probable que c'est en effet à ce titre qu'il figure sur les monuments de Citium et d'Athènes ; il faut réellement expliquer cette fonction verbale. M. Bourgade pense que l'acception est *ponitur,* verbe qui marque l'état : « Il se justifie, ajoute-t-il, par » analogie de repos entre une corbeille et une pierre qui sont en place. » Est-ce qu'une corbeille n'est pas aussi souvent portée que mise en place ? M. Bargès rejette, ainsi que je l'avais fait, le point de départ de מונא, *panier, corbeille.* Il estime que מונא ou מונע viennent du chaldaïque צנע, qui, usité seulement à l'*aphel* et à l'*hitpehal,* veut dire *ponere, deponere, statuere, collocare.* Cette explication est assurément spé- cieuse. Mais il est vraisemblable que la forme *aphel* est nécessaire comme dans נחת dont je parlerai plus loin ; or il n'y a aucune trace de cette forme sur les inscriptions numidico-puniques. En supposant une mutation de lettre, mieux vaudrait, à mon avis, choisir l'hébreu צנה, *scutum, clypeus,* c'est-à-dire au propre *moyen de protection,* par analogie avec le grec θυρεὸς, traduction du mot hébreu, qui veut dire aussi *bouclier* (plus long que large) et, en outre, *pierre bouchant l'entrée d'une ouverture.* Mais je ne vois pas la nécessité de recourir à une mutation de lettre, lorsque l'hébreu מען, dans le sens *charger, poser comme un fardeau, porter, être chargé,* offre une explication assurément fort naturelle pour une pierre sépulcrale, et que les dialectes tar- gumique et talmudique nous fournissent les dérivés מוגא, מורענא, מון, מעון qui ont une si frappante ressem-

appartiennent à une formule différente caractérisant une autre série d'inscriptions et constituent, de l'aveu de tout le monde, une locution funéraire. Cet exemple est péremptoire.

La dédicace à une ou plusieurs divinités et l'énonciation d'un vœu ne contrarient nullement cette manière de voir. Parmi les inscriptions latines rapportées dans la partie archéologique de l'*Explora-*

---

blance avec les variantes de nos inscriptions. Je suis d'ailleurs porté à préférer cette explication simple par le rapport d'idée avec עבן נעשעיא, pour אבן נשואה, *pierre de charge*, qui se trouve dans la 25ᵉ *Numidique* dont je parlerai ultérieurement, et avec עמש, *onustus fuit*, employé pour *sepultus est*, dans plusieurs inscriptions de la même famille. A la vérité M. Bourgade regarde ועמש (car il y a toujours un *vau* préf.) comme équivalent à וחמש, *Et quinque*, qui se trouve, après un nom de nombre plus élevé, sur quelques-unes de ses inscriptions tunisiennes à la fin de la formule relative à l'âge. MM. Bargès et Ewald ont adopté cette opinion ; le premier ajoute : « Nous ne comprenons pas par quelle singulière préoccupation d'esprit M. Judas a rendu ce mot par le » verbe *oneratus est* toutes les fois qu'il se rencontre dans les épitaphes puniques après un autre nom de nombre. » Il y a eu de ma part, non préoccupation, mais détermination réfléchie, et cela parce que j'ai étendu mon examen plus loin que ne le fait le savant abbé. En effet, outre qu'il serait bien surprenant de voir l'âge avoir presque constamment cinq ans justes d'appoint, je n'ai pas perdu de vue une pierre qui est dans la galerie algérienne du Louvre, la 19ᵉ *Numid.* de ma nomenclature, dont le texte se lit certainement ainsi :

אבן טנ(א) למשר
בן שבמש בן פ
פי ועמש

Quelle version est la plus vraisemblable, de celle qui résulterait de la manière de voir de MM. Bourgade et Bargès, c'est-à-dire : *Lapis positus est Mesari filio Sebamasi, filii Pepai, et quinque*, ou de celle-ci, qui est la mienne : *Lapis impositus Mesari, filio Sebamasi, filii Pepai, quum sepultus est?* Or il n'y a assurément pas, je le pense du moins, d'autre alternative. M. Ewald en a tenté une ; mais il a dû renoncer à l'analogie en considérant ici עמש comme partie d'un nom propre et, en même temps, il a négligé les trois traits précédents que je rends par פפי, et du signe placé entre ces traits et עמש, lequel est certainement le *vau* occupant constamment cette place, il fait un *chet*. La formule plus ordinaire... ....ועוע שענת ועמש, qui vaut, selon moi, *Quum vixisset annos......, tum sepultus est*, correspond à celle-ci de la Bible : והיו שנה....וימת, *quum vixisset annos...., tum mortuus est*. Le *vau* répété a le même sens que dans le v. 50, ch. xlvii de la *Genèse : Quum dormiero cum patribus meis, tum tolles me ex Ægypto;* seulement, vu le défaut de concordance dans les cas où le sujet est féminin, il convient peut-être de faire de עמש un impersonnel : *Quand on l'a enseveli* ou *ensevelie*.

A l'occasion de cette formule, et guidé par l'interprétation de M. Bargès au sujet de אשת et עשת, interprétation qui m'était venue aussi à la pensée dès que j'eus connaissance des nouvelles inscriptions, M. Bourgade, pag. 46 de sa seconde édition, a proposé des rectifications radicales aux traductions que j'ai présentées pour les 15ᵉ, 18ᵉ et 22ᵉ Numid., rectifications d'ailleurs indiquées en partie par M. Ewald. J'avais déjà moi-même reconnu la nécessité de plusieurs de ces modifications, et j'ai, entre autres, annoncé celle qu'exige la 15ᵉ dans un article remis depuis longtemps à la rédaction de la Revue numismatique, bien qu'il ne soit inséré que dans le cahier de nov.-déc. 1856. Quant aux deux autres, j'avoue que je maintiens ce que j'en ai dit, à la différence près, que je crois préférable de rendre la formule ainsi : עבן ש מענע ל ... et עבן ש טנא ל ..., *Lapis ille impositus...* Je dois prévenir qu'en ce qui concerne la 22ᵉ, la transcription présentée comme mienne par M. Bourgade est inexacte ; elle rendrait ma version incompréhensible. Ai-je besoin d'ajouter que je reconnais que ma 17ᵉ Numid. aussi doit être corrigée en cela qu'à la 5ᵉ ligne, au lieu de *posuit Muschi, filius...*, il faut dire : *sponsa Musæ, filia...* Il est à remarquer que, d'après ma manière de voir, la défunte n'aurait eu que dix ans, tandis qu'elle en aurait eu quinze pour ceux qui rendent עמש par *cinq*, et que ce dernier âge semblerait s'accorder mieux avec le titre אשת. Mais rien, à mon avis, ne peut prévaloir contre l'argument précédemment exposé. Il ne serait pas sans exemple de voir, dans ce pays, une fille mariée à dix ans ; mais il me paraît plus simple de ne donner au mot phénicien que le sens de fiancée, comme en hébreu, *Gen.*, xxix, 21.

tion scientifique de l'Algérie que l'on doit au zèle si actif et à l'habileté si éclairée de M. le commandant de La Mare, un grand nombre (Sétif, Mons, Constantine, Ghelma) contiennent des dédicaces à Saturne qui était le Baal punique ; il est même à remarquer que l'une, pl. 80, porte (*sacerdos*) *domini Saturni*, ce qui répond directement à notre בעל אדן ; *Dominus Baal.* Or plusieurs de ces épigraphes doivent avoir été tumulaires ; cela est positivement indiqué pour l'une d'elles, de Ghelma précisément, pl. 179, sur laquelle on lit :

S. A. S.
SATVRVS. V. A. VI
SILBANA. V. A. I

Saturno augusto sacrum.
Saturus vixit annos vi.
Silbana vixit annum i.

Quant au second point, *votum*, équivalent latin de נדר, était assez souvent une expression funéraire ; ainsi, entre autres exemples, on trouve dans Muratori, *Thes. ant.*, ii, 1264, 11, une épitaphe contenant ce distique :

Manibus atque meis nati pia vota dedere,
Persolvere meis Manibus inferias.

Dans Boldetti et plusieurs autres auteurs, cette inscription chrétienne :

PETRUS ET PANCARA BOTU PO
SUENT MARTURE FELICITATI

que M. de Rossi, dans un remarquable article inséré dans la *Rev. archéol.*, 15 juin 1856, p. 159, explique ainsi : *Petrus et Pancara votum posuerunt martyri Felicitati.* Enfin dans une inscription de Constantine reproduite par M. de La Mare, *op. laud.* pl. 147, on trouve :

D. M.
C. GARGILIUS
FELIX. SACERD
OS. SATURNI
VIXIT. A. LXXXV
V. S. L. A
H. S. E

D'un autre côté, quand les pierres ont des ornements, on en trouve de semblables sur des monuments que des inscriptions latines prouvent incontestablement être tumulaires. C'est ce qui a particulièrement lieu pour le triangle et pour les images du soleil et de la lune sous les figures d'un disque et d'un croissant ; les belles planches de M. de La Mare en fournissent de nombreux exemples. On pourrait étendre la comparaison aux autres emblèmes ; mais le détail en serait ici trop long.

L'application que je fais des mots קלם ברכם, קלא ברכא, etc., est donc, sous ces divers points de vue, très-soutenable. Elle ne l'est pas moins, je pense, sous le rapport de la philologie et sous celui de l'harmonie avec les contextes.

Le sens donné au premier des deux thèmes explique l'existence du *vau* dans קולא, n°s 2 et 14 du tableau général, et celle de l'*aleph* dans קאל, n° 15 ; ces lettres ne sont pas ici adventices, elles représentent la seconde radicale ou première lettre double du verbe géminé קלל ; c'est en effet une propriété des verbes géminés, tels que celui-ci, de changer la seconde radicale, tantôt en *vau*, tantôt, mais moins fréquemment, en *aleph*; ex. ברר, בור, באר; בהה, צוה, נאה; רמם, רום, ראם, etc.

Les verbes קלל ברך ont, dans ce cas, pour sujets les auteurs des épitaphes. Ceux-ci, afin d'empêcher la profanation des tombeaux, d'en assurer le respect, préviennent qu'ils ont lancé des imprécations, des malédictions contre les violateurs, adressé des prières et demandé des bénédictions en faveur des visiteurs pieux.

שמע se rapporte conséquemment aux mêmes sujets et il exprime l'idée *obéir*, *accomplir*, *exécuter*, en sous-entendant soit une prière ou un ordre du défunt (1), ce qui serait conforme à de nombreux exemples de l'épigraphie latine, ainsi que je l'ai plus longuement exposé dans mes travaux antérieurs, soit une règle rituelle, une tradition liturgique. Relativement au premier sens, nous voyons fréquemment en effet dans les épitaphes latines, *ex voluntate*, *ex præcepto*, *ex testamento*, *voce rogatus*, etc. Ces locutions prouvent que souvent le mourant, soit de vive voix, soit par écrit, imposait des obligations ou sollicitait des promesses relativement à sa sépulture (2). Plusieurs passages de la Bible prouvent qu'il en était de même chez les Hébreux. On lit, par exemple, dans la *Genèse* que Jacob, retiré en Egypte et près de mourir, fit solennellement promettre *par serment* à son fils Joseph de l'enterrer dans son sépulcre au pays de Chanaan, et que celui-ci, à son tour, dit à ses frères, lorsqu'il sentit sa fin approcher : « Transportez mes os avec vous hors de ce lieu et *promettez-le-moi par serment*, » et l'exécution est soigneusement signalée au chap. VIII de l'*Exode*, v. 19, et XXIV de *Josué*, v. 32. C'est à cet usage, pratiqué vraisemblablement aussi chez les Phéniciens, que peut se rapporter le verbe שמע, *obéir*, *accomplir*. On peut sans doute y rattacher נדר, car ce terme impliquait précisément l'idée de *promettre avec serment*, ainsi que l'énoncent expressément les versets 3 et 4 du ch. XXX des *Nombres*. Je reviendrai cependant sur ce point.

Le mot את placé devant קלא s'adapte parfaitement à cet ordre d'idées; c'est en effet le régime du verbe קלא, un substantif répondant à אות des Hébreux, את des Chaldéens, *signe*, *monument*, *tombeau*, comme *signum* en latin et σῆμα en grec.

וקטירא qui, dans le dernier exemple, est substitué à ברכא ou ובערכא de la plupart des autres exemples, justifie d'une manière bien remarquable mon interprétation. En effet ce verbe ne signifie pas seulement au propre, pihel et hiphil, *suffivit*, *suffimenta incendit in numinis honorem*. Dans le culte matérialiste et formaliste des anciens, les parfums avaient une vertu spéciale, ils allaient directement, par leur propre efficace, solliciter la divinité, exciter sa bienveillance et provoquer ses bienfaits, ses bénédictions; nous voyons même par les hymnes attribuées à Orphée que chaque di-

---

(1) A la pag. 2, 1re édit., 13 et 14, 2e édit. de son mémoire, M. Bourgade avance que שמע est corrélatif à נדר; que, lorsqu'il est seul devant קלא, il doit se rendre par *ex voto*, et non par *ex præcepto*; que *ex præcepto* ne peut être que la traduction de צוה, placé sous la dépendance d'une proposition ou d'un autre mot équivalent de *ex*. Cela fait évidemment allusion à ce que j'ai écrit sur ce point. Mais M. B. ne m'a pas compris. Je n'ai point certes voulu dire que *ex præcepto* ou *juxta præceptum* fût la traduction directe de שמע; j'ai bien expliqué qu'il signifie *obediens*, *auscultans*, et cela en sous-entendant l'ordre du mort, צו, comme je l'ai précisément dit dans mon *Essai*, pag. 50; en rappelant l'*ex præcepto* ou les formules analogues des Latins, je n'ai voulu énoncer qu'un rapport d'idées exprimé différemment. M. B. n'agit pas autrement, car directement שמע ne pourrait pas plus se rendre par *ex voto* que par *ex præcepto*. Au surplus, שמע ne peut nullement se rapporter à נדר signifiant un vœu que l'on aurait fait soi-même; il implique toujours l'idée d'*entendre*, et, par conséquent, dans l'acception détournée *obéir*, c'est obéir à un ordre entendu, reçu, venu du dehors, non à une promesse que l'on a faite soi-même; aussi les exemples cités par M. B. concernent-ils tous des prescriptions extérieures.

(2) Une inscription latine de Lalla-Marghnia rapportée par M. de Caussade, *Notice sur les traces de l'occup. rom. dans la prov. d'Alger*, pag. 87, dit, après avoir énoncé le nom, l'âge du défunt et l'époque de sa mort: *Julius Fronto filius patri karissimo bene merenti domum promissam instituit...*

3

vinité avait son parfum particulier. De là vient que עתר congénère de קטר, comme le fait remarquer Gesenius, et signifiant pareillement *suffivit, suffimentum adolevit et obtulit numini,* voulait dire au figuré, *supplex oravit, precatus est numen;* au hiphil, *deprecatus est pro aliquo;* au niphal, *exorari, exaudire, indulgentem se præbere* : de là encore, que le même thème, dans une dernière acception, conséquence des précédentes, signifiait *largus fuit,* hiph. *multiplicavit, cumulavit*; que du substantif עתר, *suffitus, vapor odoratus,* dérivait עתרת, *divitiæ, abundantia*; c'était la bénédiction obtenue par la combustion du parfum. קטר, même racine au fond, avec permutation de lettres analogues, a dû avoir une égale énergie; il a donc pu, et dû, selon moi, au hiphil (et le *iod* qu'il porte dans l'inscription, implique la force de cette voix verbale), signifier *Benedicere, fausta apprecari, deprecari,* en opposition à קלל, *imprecari.*

Les deux expressions קלל et ברך sont tellement corrélatives, que l'une sous-entend l'autre et qu'elles peuvent réciproquement se suppléer, être employées, par conséquent, isolément avec la compréhension entière de la formule. C'est pour cela que ברך, en hébreu, veut dire, non-seulement *benedicere,* mais aussi *maledicere.* Chez les Grecs aux mœurs douces et surtout dans notre culte de mansuétude, c'est *Bénir* qui l'emporte : « Sacris scriptoribus non raro *benedicere* est factis preci- » bus aliquid consecrare, sanctificare, quemadmodum Græci suo Εὐλογεῖν pro Ἁγιαζειν uti solent. » (Basilii Fabri *Thes. erud. schol.*) Les Hébreux avaient une tendance vers le même sentiment puisque, lorsque les deux mots étaient rapprochés, ils mettaient ברך le premier. Les Phéniciens, qui brûlaient vivantes des victimes humaines, donnaient la prééminence à קלל quand les deux verbes étaient employés; quand un seul, c'était קלל aussi qu'ils retenaient. Mais, dans ce dernier cas, il emportait avec lui l'idée corrélative de bénédiction (1). Quelquefois même, les deux verbes étaient supprimés, comme dans l'exemple 5 du tableau général; mais ils n'en étaient pas moins sous-entendus sans doute, ainsi que *consecrare* dans un grand nombre d'épitaphes latines.

Enfin le *caph* et le *vau* qui, l'un ou l'autre, précèdent שמע ou ses variantes, l'un dans les ex. 5, 6, 11, 12 et 16, l'autre dans les ex. 2, 13 et 14, sont en effet équivalents en hébreu dans l'acception *Quia* qui convient ici; ainsi Gesenius dit dans son *Lex.* p. 290, en parlant du *vau* : « Ante sententias causales est כי, *nam...quia,* » et il cite ce passage du *Ps.* v : « Continuo jubilant, ותסך עלימו, *Quia* protegis eos. »

Ces interprétations s'adaptent à toutes les variantes de la formule, ainsi qu'on le voit par l'exposé suivant dont les nᵒˢ d'ordre correspondent à ceux du tableau synoptique tracé à la page 3 :

1° *Hoc vovens ou vovit....*
2° *Votum hoc vovens, auscultavi, maledixi-benedixi;*
3° *Votum hoc vovens, auscultans, maledixi-benedixi;*
4° *Votum hoc vovens, auscultavi, maledixi-benedixi;*
5° *Votum hoc vovens, quia audivi* (quia præceptum est mihi);
6° *Hoc vovens, quia auditum, maledicentes... ..benedicentes* (maledixerunt benedixerunt);
7° *Hoc vovens, auscultans, maledixi-benedixi;*
8° *Auscultans maledixi-benedixi;*
9° *Auscultavi, maledixi-benedixi;*
10° *Auscultavi, maledixi et benedixi;*
11° *Quia audivi, maledixi-benedixi;*
12° *Quia auditum, maledicentes benedicentes;*
13° *Quia auscultantes, maledicentes;*

---

(1) Ce sens semble exclusivement conservé dans le copte sᴄʜʟʟ, *orare, benedicere,* qui me paraît représenter le phénicien קלל, comme sᴄʜʙᴇʀ, *sodalis,* =חבר, sᴄʜʟᴇᴛ, *sponsa,* =כלת, et correspond d'ailleurs au sémitique צלא, qui, avec le même sens, a la même origine, comme צלה, *Brûler,* =קלה.

14° *Quia auscultavi, signum maledixi*;

15° *Auscult... signum maledi...*

16° *Quia auscultavi, maledixi et deprecatus sum.*

Ce qu'il y a pour nous d'inusité dans ces locutions, surtout dans les actes qu'elles représentent, peut, au premier abord, les faire paraître bizarres. Il en est de même de certains passages de la Bible rendus littéralement. Mais, en nous rappelant tout ce qui précède, notamment la citation précédente au sujet de l'acception de *benedicere*, en style liturgique, pour *consacrer*, nous pourrions emprunter aux Latins les phrases *Ex præcepto consecravi, Ex præcepto consecrarunt*, qui sont exactement équivalentes, car elles expriment, par l'énonciation du résultat au lieu de celle de la cause, les mêmes idées et le même fait : un lieu était consacré parce qu'on avait pratiqué certains rites et prononcé certaines paroles, des paroles sacramentelles, qui avaient efficace pour cela, en sorte que rappeler ces rites et ces paroles, ou dire abstractivement qu'un objet, un lieu avait été consacré, revenaient au même. Les paroles étaient des formules d'imprécation et de déprécation, de malédiction et de bénédiction. Elles étaient quelquefois rapportées textuellement : *Habeat manes iratos! Ossa eruta videat!* etc. Mais, comme en phénicien la formule était beaucoup plus longue et que la reproduction détaillée par la gravure sur la pierre devait être coûteuse, on se bornait le plus souvent à déclarer qu'on les avait prononcées. Nous avons, dans l'épitaphe récemment découverte du roi de Sidon Asmounezer, un exemple qui confirme d'une manière bien frappante tout ce que j'ai dit sur ce point. Le roi, après avoir indiqué la durée de son règne, sa filiation, les circonstances de sa mort avant le temps, conjure de ne pas violer son sépulcre, et il énumère les actes qui pourraient constituer la profanation ; puis, s'adressant au lecteur de l'inscription, il ajoute : « Si quelqu'un te con-
» teste (ce que je viens de dire), ne crois pas son mensonge, car celui qui (ici reviennent tous les dé-
» tails de la profanation)... Qu'il n'y ait point (ou *il n'y aura point*) pour lui de lit parmi les morts,
» et qu'il ne soit point enseveli dans un sépulcre, et qu'il n'y ait pour lui ni enfant ni postérité, et
» qu'il soit exclu de la présence des saints par le Grand qui a pouvoir pour interdire l'entrée ! Au-
» torité ou homme de la foule, quel que soit le profanateur (j'abrège), qu'il n'y ait point pour eux
» de racines en bas, ni de fruits en haut, ni aucune figure dans la vie sous le soleil ! » Alors le monarque expose les motifs qui doivent attirer le respect sur sa dernière demeure en revenant sur les circonstances de sa mort et en rappelant plusieurs constructions religieuses qu'il a fait élever avec sa mère ; puis il achève ainsi : « Toute autorité ou tout homme de la foule qui s'abstient, etc.
» (nouveaux détails de la violation), qu'El ne les exclue pas de la présence des saints et ne les sé-
» questre pas, et que leur postérité dure à toujours (1). » Voilà donc l'imprécation et la déprécation, la malédiction et la bénédiction. La malédiction est en tête, comme sur nos épigraphes de la Numidie, et il y a plus : l'inscription est double ; elle est gravée, telle que nous venons de la résumer, sur le couvercle du sarcophage, puis reproduite au chevet du cercueil ; mais ici il n'y a que la première partie, la malédiction. A l'inscription du couvercle correspondait donc קלא ברכא, à celle de la cuve קלא. Ce qui prouve que les formules employées étaient sacramentelles, c'est qu'on les retrouve, tantôt textuellement, d'autres fois avec les mêmes idées, mais sous d'autres termes, chez les Hébreux, dans la Bible, par ex. II. *R.* xix, 30 ; *Is.,* xxxvii, 31 ; surtout *Job*, xviii, 16, 17, 18, 19 ; enfin *Ps.* i, 5.

Ces considérations générales établies, il y a lieu d'examiner si les contextes entiers s'y accommo-

---

(1) Voyez mon mémoire sur cette épitaphe, *Rev. archéol.*, nov. 1856. — Puisque l'occasion se présente de reparler de ce travail, je dirai qu'après réflexion, pour le groupe קנמי, lign. 4 et 20, au lieu du sens isolé *adjuration*, j'adopte celui du pronom *moi-même*, sujet du verbe בנת qui précède, sens proposé par MM. Ewald et Lévy. Je prie aussi le dernier auteur de m'excuser de ne l'avoir pas cité ; je ne connaissais pas son mémoire lorsque j'ai composé le mien.

dent dans tous leurs détails. Je vais donc traduire un certain nombre d'inscriptions de diverses catégories. Pour celles que j'omettrai, il n'y aura qu'à substituer d'autres noms propres, faciles à reconnaître, à ceux qui se trouvent dans les exemples que je choisis; je renvoie d'ailleurs, pour celles qui étaient connues avant la publication de M. Bourgade, à mon *Etude démonstrative*, etc.

1.

Première Tunisienne (1) *de M. Bourgade.*

Domino Baali. Votum hoc vovens,	לאדן לבעל נדר אש נדר
CRES;	CRES
Auscultans maledixi-benedixi.	שמע קלא ברכא

La transcription alphabétique n'offre pas de difficultés; elle a été donnée telle que je la reproduis par MM. Bourgade et Bargès. *Cres* est écrit en lettres latines comme ici.

Cette épigraphe est très-importante à cause de sa simplicité. Elle prouve positivement que, lorsque les deux parties de la formule sont séparées, l'intervalle est occupé par une désignation de personne.

La formule, à raison de son caractère religieux propre à la nation indigène, est écrite en lettres puniques.

Une disposition inverse se trouve dans une autre inscription, bilingue aussi, dont la copie m'a été adressée par M. Rousseau et ne figure point parmi celles de M. Bourgade (2). Le nom propre et une formule sont donnés en latin et le nom propre seul est reproduit en punique, קלעדא=*Celadus*. Ce mot unique a son utilité comme nouveau moyen de contrôle des valeurs alphabétiques pour ceux qui peuvent douter encore.

2.

Inédite.

M. Guyon, médecin inspecteur des armées, à Alger, m'a envoyé avec une extrême obligeance, il y a quelques années, plusieurs empreintes très-bien prises, au moyen de l'estampage, d'une inscription provenant aussi de la régence de Tunis et qui se trouvait alors entre les mains d'un mé-

---

(1) Pour la clarté des rapprochements, je maintiens le titre de *Tunisiennes;* mais il est inexact, car les inscriptions dont il s'agit n'ont pas été trouvées à Tunis; ce sont des *Numidiques.*

(2) Cette épigraphe se trouve dans la 2ᵉ édit., c'est la 5ᵉ T. bis, mentionnée à la p. 7 comme « levant tout doute sur le véritable sens des dernières formules communes à la plupart des inscriptions votives » et expliquée à ce point de vue à la p. 23. L'importance que l'auteur attache à ce monument provient de ce qu'il regarde les trois premières lettres du groupe punique קלע comme équivalentes à קלא des autres textes et en voit l'explication décisive dans *solvit* du texte latin. Mais je crois qu'il suffira de ma simple explication, c'est à savoir de l'équivalence du groupe entier קלעדא, KLADI ou KLADA avec le nom propre latin *celadius*, pour ruiner l'édifice. Au surplus, j'ai lieu de croire que le groupe punique n'est pas rendu avec une complète exactitude; voici du moins comme il est dessiné sur la copie de M. Rousseau:

decin maltais dans la capitale de cette régence; j'en donne le dessin à la pl. 3, n° 1. Très-bien conservée, l'épigraphe se lit sans hésitation. Je la transcris et la traduis :

Domino Baali. Votum hoc	לאדן לבעל נדר אש
vovens Mutunbal filius O-	נדר מתנבעל בן ע
schirbalis, filii Sqalonis;	שרבעל בן שקלן
Auscultavi, maledixi-benedixi.	שמא קלא ברכא

Ici, dans le lieu qui correspond à *Cres* sur la pierre précédente, le nom propre est développé au moyen de la filiation ; mais le retour du mot בן indique bien qu'il s'agit de noms propres ; donc le parallélisme est réel.

שקלן, le seul des trois noms propres qui soit nouveau, signifie probablement *pesant* ou *grave*.

3.

2e, 5e, 7e, 8e *Tunisiennes*.

Je n'ai reçu de copie que de la première de ces inscriptions ; mon épreuve est plus exacte que celle de M. Bourgade(1), et elle permet un curieux rapprochement avec les deux autres épitaphes. La 7e *Tunisienne* est heureusement dessinée d'une manière très-intelligible ; il est loin d'en être de même de la 2e ; mais elle montre avec netteté un mot caractéristique, et cela suffit pour lui donner de l'importance.

Voici la transcription et la traduction des 5e, 7e et 2e :

5e.

Domino Baali. Votum hoc vovens	לאדן לבעל נדר אש נדר
Abdmelqart, filius Balhannœ;	עבדמלקרת בן בעלחנא (2)
quam maxime fractus, auscultans, maledixi.	כחת כחת שמע קלא

---

(1) Le nouveau dessin de la deuxième édition est semblable à celui que j'avais reçu.

(2) M. Bourgade lit בעלהא qu'il rend par *Baal de l'anneau* et considère comme se rapportant à la théologie de Mercure. Il édifie sur cette base une explication qui me paraît manquer de réalité, car la leçon חנא me semble indubitable, le *chet* étant formé par les trois premiers traits et le *nun* figuré très-normalement. Le nom, terminé chaldaïquement, signifie *le maître, le possesseur de la grâce*. Il n'en est pas moins vrai que les emblèmes des pierres numidico-puniques méritent examen. Mais c'est une étude à faire d'ensemble. Voici quelques aperçus. Dans le plus grand état de simplicité, c'est un croissant les cornes en haut, image de la lune ou d'Astarté, de Thanit, comme sur la 5e Numid. Successivement cette figure se combine avec différents autres signes ; d'abord un globe placé au-dessus du croissant, symbole du soleil ou de Baal ; puis, des rosaces ou des globes représentant les planètes, moins la terre, tantôt dans leur nombre réel de cinq, comme ici, tantôt en nombre moindre et n'indiquant alors que le pluriel, savoir trois, comme sur les 2e et 3e Numid., la 10e Tunis. et probablement la 1re Numid., les 9e et 39e Tunis.; ou deux, comme sur la 28e Tunis. d'après un dessin complet de M. Rousseau; ensuite un triangle. Cet ensemble se rattachait à un système théologique résumé par M. de Vogué dans un article fort intéressant sur une lampe palmyrénienne inséré dans le *Bullet. archéol.*, déc. 1855. Le triangle était probablement le symbole d'Astarté dans un autre point de vue que celui de la lune ; on peut consulter ce qu'en dit M. Lajard dans ses *Rech. sur le culte de Vénus*, pag. 70 et suiv. Au-dessous de ce système, il y a presque toujours une figure représentant, sous une apparence fort simple, un personnage les bras élevés, c'est-à-dire dans l'attitude

7°.

Domino Baali. Votum hoc vovens	לאדן לבעל נדר אש נדר
Balsusan, filius Birikbalis, filii	בעלששען בן ברכבעל בן .
Ramatsanis; quam maximè fractus, auscultans,	רמתצען כחת כחת שמע
.maledixi, benedixi.	קלא ברכא

2°.

Domino Baali (Hammani ?)	לאדן לבעל (חמן?)
Votum hoc vovens Akenl-	נדר אש נדר אכנל
aga filius.	אגא בן . . . . .
. . . .	. . . א . כנ . . .
fractissimus maledixi (benedixi).	כחת קלא (ברכא)

'Une partie de ces transcriptions a été donnée déjà par MM. Bourgade et Bargès; mais il y a aussi, en plusieurs endroits, des différences notables. Ma transcription de la 5° Tunisienne se rapproche davantage de celle du premier de ces écrivains; la transcription de la 7°, de celle du second auteur. Mais c'est en ce qui concerne l'interprétation que se présentent des différences profondes.

---

de l'invocation ou de l'offrande; il porte souvent en effet, d'une main ou des deux côtés, des fruits en signe d'oblation, de même que les morts arrivant devant Osiris dans l'amenti des Egyptiens lui présentent des offrandes; d'autres fois, cette figure tient une branche; d'autres fois encore, un objet formé d'un cercle surmonté de deux cornes; enfin, sur un bas-relief reproduit par M. Bourgade, une espéce de caducée. Un arbre noueux est ordinairement tracé de chaque côté, ou d'un seul côté du personnage. Cette figure me paraît être le נפש, l'image du défunt. L'objet annulaire, avec des appendices en forme de cornes, était peut-être, à raison de cette particularité, un de ces gâteaux qu'on offrait particulièrement à Astarté. L'arbre, qui renaît à chaque printemps, fait sans doute allusion à une vie nouvelle; la branche, à la victoire qu'implore le défunt. Le caducée se trouve attaché au coin d'un autel sur un monument d'Announa rapporté par M. De la Mare, *ouvr. cité*, pl. 167. Enfin un dessin du même recueil, pl. 169, nous montre un buste découvert à Ghelma, dont le visage est entouré, jusqu'à la naissance de la barbe, de points analogues à ceux que M. Bourgade regarde comme des yeux sur la figure de la 5° Tunis.; ils ne me paraissent être que des cheveux. Je crois ne pas déplaire aux lecteurs en leur présentant la copie d'un bas-relief qui se rattache aux détails de culte et de mythologie que je viens de toucher; cette copie est due à la complaisance de M. Rousseau. Le dessin me paraît représenter les planètes, moins Saturne, dans l'ordre hebdomadaire et ayant en tête, comme chez les anciens Egyptiens (Voy. de Rougé, *Bull. archéol.*, mars 1856), Jupiter versant, de deux cornes d'abondance, les biens de la terre sous les formes d'une grenade et d'une grappe de raisin. Ces représentations sidérales ont, selon moi, un caractére funéraire, et rappellent la nécessité, pour l'âme, après la mort, de traverser les sphères planétaires avant d'arriver au terme de ses migrations. Au surplus, pour bien comprendre plusieurs des bas-reliefs puniques, il faut les rapprocher de ceux de Sardaigne publiés par M. Della Marmora; c'est ainsi que celui de la stèle dite aux poissons, Gesen., pl. 22, représente, dominés par le soleil et par la lune, les éléments, comme le n° 22, tab. 2 du mêm. *Sopra alcune antich. sarde*, c'est à savoir l'air par les oiseaux, la terre par la corbeille et les deux plantes, l'eau par les poissons. Le feu, figuré par des langues ou flammes sur le monument sarde, doit avoir ici pour image le cercle strié, allusion probablement à cette *couronne ignée* indiquée par Le Batteux, *Mém. de l'Acad. des inscr.* In-12, t. xlvi, p. 404. Ce nouveau tableau me paraît encore un embléme funéraire, et, par conséquent, une justification de la destination que je donne aux monuments, car il symbolise l'espoir d'une vie nouvelle, selon ce passage du Numide Apulée qui en est comme un curieux commentaire : « Accessi confinium mortis et, calcato Proserpinæ limine, per omnia vectus elementa, remeavi : nocte media, vidi Solem candido coruscantem lumine, deos inferos et deos superos accessi » coram et adoravi de proximo. »

Sur la cinquième, à la fin de la troisième ligne, nos deux prédécesseurs voient l'un מלא, l'autre מל. L'antépénultième lettre a en effet sur les dessins l'apparence d'un *mem*. Elle est suivie de לא, et je ne puis facilement m'expliquer pourquoi M. Bargès n'a pas reproduit l'*aleph*, dont le dessin est très-manifeste, la présence aussi incontestable que significative à mon point de vue. Quant à la leçon du groupe entier מלא, je n'hésite pas à la rejeter, car il est facile de comprendre comment les débris de la tête d'un *qoph* ont pu prendre les apparences d'un *mem*, et la connexion de ce groupe avec שמע qui précède et ברכא qui suit suffit pour me donner, en vertu du parallélisme, la conviction qu'il y avait קלא. Je me trompe fort si mes deux prédécesseurs n'ont pas été poussés à préférer מלא, contre l'analogie, uniquement parce qu'il leur fournissait un mot qui annulait le sens d'imprécation. On pourrait à la vérité retourner contre moi cette observation. Mais je pense arriver si bien, si je ne l'ai fait encore, à prouver que dans tous les autres cas la signification de la formule est telle que je l'ai indiquée, qu'il en résulte par cela même la nécessité qu'il y ait ici aussi קלא, facile d'ailleurs à restituer graphiquement.

Là où est la différence la plus sérieuse, c'est au commencement de la troisième ligne dans la partie que je lis כחת כחת. M. Bargès voit d'abord, comme l'avait fait M. Bourgade, dans la 1ʳᵉ éd., la suite d'un nom propre commencé à la fin de la ligne précédente, savoir (דנא) כדבנן (Dona) *Kedbanen*, dont il ne rend pas compte, puis il lit כחן qu'il explique par *cum benignitate, benignè*, en le rattachant à la formule finale. M. Bourgade, dans la nouv. éd., lit כח כח qu'il regarde comme équivalent à כהן écrit, selon lui, isolément sur la 2ᵉ Tunisienne et répété sur la 7ᵉ, lequel mot répondrait lui-même à l'hébreu כן, *sic*, en sorte qu'il traduit *sic sic*. Cette intrusion d'un *chet* parasite, tandis que les indigènes avaient au contraire de la tendance à éliminer cette aspirée même lorsque sa présence eût été normale, me paraît d'abord peu vraisemblable; en second lieu, la substitution de כח à כהן pour כן ne me semble pas plus probable; enfin la dernière lettre du groupe, sur les différents exemples, me paraît, non un *nun*, mais un *tau*. Je me crois donc autorisé à lire כחת כחת sur la 5ᵉ et la 7ᵉ Tunisiennes, כחת sur la 2ᵉ, et à supposer que, dans le dernier cas, le mot était répété aussi et se trouvait, par conséquent, une première fois à la fin de la 3ᵉ ligne. Le mot כחת a pour racine חתת, et le *caph* qui précède est servile, c'est la particule. חתת signifie : *Fregit, fractus est.* L'une des manières, en hébreu, d'énoncer le superlatif est la répétition du mot; on a, par exemple, la répétition de la racine חתת elle-même dans התחתים, *fractio fractionum, fractio magna*, Eccl. xii, 5. La même langue possède, selon que le fait remarquer Gesenius, un autre mode d'exprimer le superlatif, c'est la préposition du *caph* équivalent à *quam* des Latins : ce procédé est ici employé concurremment avec la répétition, et, par conséquent, le superlatif est élevé au plus haut degré, *quam maxime fractus*. J'avoue que, dans plusieurs des exemples cités par Gesenius pour l'emploi du *caph* dans le sens précité, la signification m'en paraît être simplement sıcut, *comme*; on pourrait de même dire ici : *sicut fractus, sicut fractus*; la répétition entraînerait toujours le superlatif, *comme brisé, comme brisé*, c'est-à-dire par la douleur; le Psalmiste a dit, avec un autre mot, mais par la même métaphore, נשברי בל, *Fracti corde*, et Cicéron : *calamitate fractus et afflictus*. כחת, véritable onomatopée, était vraisemblablement, dans cette acception, une locution usuelle; aussi le trouvons-nous sur trois exemples, et peut-être sur quatre (la 8ᵉ Tunis.) : son intervention dans ces cas prouve péremptoirement qu'il ne s'agit ni d'exaudition de prière, ni d'accomplissement de vœu, car ce serait un contre-sens; elle ne peut s'appliquer qu'à un deuil.

Dans la 7ᵉ Tunis. M. Bargès transcrit exactement כחת כחת (1). Mais il pense que ces deux mots sont mis pour כהת כהת et il suppose qu'ils valent כהות כהיתי, כהות étant l'infinitif et כהיתי, la 1ʳᵉ p. s.

---

(1) Il en est de même, mais pour cette seule inscription aussi, de M. Ewald. Le docte hébraïsant y voit la répétition d'une conjonction équivalente à כעת pour l'hébreu עתה, le chaldéen כענת, et signifiant *tout aussitôt que* (il eut entendu sa voix, il le bénit). Mais si, dans la 2ᵉ Tunis., ce groupe existe réellement à la dernière ligne, immédiatement suivi de קלא, cette explication ne peut s'y adapter, et même, au point de vue

du prétérit de la racine כהה, *caligare*; le sens serait donc : *caligando caligabam*. Mais on voit qu'il y a d'abord hypothèse d'une mutation de lettre, ce qui n'est admissible que lorsque l'on ne peut trouver aucun sens plausible avec les éléments du texte. Il en est effectivement ainsi au point de vue où M. Bargès s'est placé relativement au sens général de la formule; mais c'est la condamnation de son système comparativement au mien, puisque, loin d'être forcé de changer un caractère dans chacun de ces mots, je trouve dans leur orthographe même une confirmation de mon interprétation. En second lieu, M. Bargès pense, ainsi que M. Bourgade, que le groupe dont il s'agit se retrouve dans la 8ᵉ *Tunisienne*; nous venons d'en constater l'existence dans la 5ᵉ et dans la 2ᵉ; cette coïncidence d'une même infirmité n'aurait-elle pas quelque chose d'étrange, à moins qu'il ne s'agisse d'un lieu spécialement renommé pour la cure des maux d'yeux, ce qui n'est nullement indiqué. Dans nos explications, aucune de ces conditions forcées; tout est naturel autant que concordant.

Dans la 8ᵉ *Tunisienne*, qui présente manifestement tant d'altération dans l'état de conservation ou tant de défectuosités dans le dessin, la transcription n'est, en grande partie, que conjecturale. C'est pourquoi je me suis abstenu de la donner avec celle des trois autres comprises dans ce paragraphe. On lit facilement toutefois, pour les deux premiers tiers de la première ligne, לעדן לבעל עמן, et le dernier de ces groupes offre la curieuse substitution d'un *aïn* au *chet*, radicale ordinaire de ce mot. Dans la première partie de la seconde ligne, on peut, sans trop de difficulté encore, déchiffrer נדער אש נעדער ou נדער· אש נעדר. L'*aïn mater lectionis* occupe une place différente dans le premier et dans le troisième de ces groupes; n'est-il pas probable que cette circonstance indique des différences correspondantes de condition grammaticale? Enfin, dans la dernière ligne, moins la première lettre, on reconnaît sans aucune peine שמע את קולא בערכא; et ici encore il y a matière à observation intéressante à raison de l'intercalation d'un *aïn* dans le dernier verbe. Ce monument est donc loin de manquer d'utilité. Mais il est fort difficile d'y compléter la première et la troisième ligne. Pour celle-là, le reste de la phrase doit être une expression d'hommage ou de dédicace à Baal, telle que celles de שבח, *louange*, נמשאת, *séparation, consécration*, מקאלעת, *sculpture*, que nous verrons sur d'autres pierres. La transcription à première vue donne נא?ינש. La 3ᵉ lettre du groupe a une figure qui ne ressemble à aucune de celles dont la valeur phonétique est constatée; la com-

---

général, il en résulte l'impossibilité absolue d'admettre pour la formule la signification d'action de grâces. Or le dessin, en le prenant tel qu'il est, donne certainement et sans aucune contrainte cette leçon. M. Ewald cependant, au lieu du groupe que je lis naturellement כחת et du cercle que je regarde comme un vestige de la tête du *qoph*, initiale de קלא, pense qu'on doit restituer כעשמע. Cette leçon, qui rentrerait dans la composition la plus ordinaire de la formule, a, certes, aussi une grande vraisemblance. Je laisse cette question particulière à décider, car, dans l'état défectueux de l'épigraphe, l'appréciation ne peut être que conjecturale. Je ferai cependant observer que le second et le troisième trait de la dernière ligne sont exactement semblables aux deux derniers traits de la première ligne; or ceux-ci ne peuvent être, comme M. Ewald le suppose, נד, premières lettres de נדאר dont les deux dernières lettres seraient rejetées au commencement de la ligne suivante, car il resterait à la suite de la première ligne un trop grand intervalle pour laisser admettre ce rejet; ces traits doivent donc être le commencement d'un mot intermédiaire entre נדר ❡ בעל; or l'analogie et la figure des signes ne laissent guère de vraisemblance que pour l'épithète חמן, et, dès lors, ces deux traits, parfaitement semblables à ceux de la dernière ligne dont j'ai parlé, sont le commencement d'un *chet*; dès lors aussi l'on est autorisé à voir cette aspirée complète à la dernière ligne, lorsque d'ailleurs sa présence s'accorde avec un sens rationnel, tandis que la direction verticale des deux derniers traits pourrait difficilement se rapporter à l'obliquité des traits du *schin* véritable. En tout état de choses, pour les deux autres Tunisiennes (5ᵉ et 7ᵉ), ma traduction, qui ne suppose aucune mutation de lettre, me semble encore plus naturelle que celle du savant professeur. Elle est en outre en harmonie avec un passage de la 6ᵉ Tunis., où je lis בען, *in afflictione*, un groupe d'où M. Ewald exclut arbitrairement l'*aïn* pour lire בן. J'ajouterai, incidemment, qu'à la dernière ligne de la même épigraphe, il met, par inadvertance sans doute, שמע au lieu de שבוא.

paraison la moins éloignée serait celle du *qóph*; mais on n'arrive ainsi à aucun sens plausible, et la même impuissance me paraît frapper toute autre détermination de ce caractère, les autres restant tels que je viens de les exprimer. Il y a donc lieu de supposer que, pour quelqu'une ou quelques-unes de celles-ci aussi, le dessin est inexact et que la leçon doit être différente. L'état du texte de l'inscription permet cette supposition, car, entre autres, nous voyons à la dernière ligne le *qóph* évidemment rendu d'une manière si fautive, qu'on ne pourrait en soupçonner l'existence si le parallélisme formulaire ne la révélait. Dans cet état de choses, la leçon pour laquelle je pencherais serait נפשאת, en admettant d'abord que la seconde lettre du groupe a indûment un crochet à l'extrémité supérieure de l'un de ses bras. Mais je reconnais combien seraient plus forcées encore les autres restitutions; cependant, tout en les présentant hypothétiquement, je pense qu'on ne peut les regarder comme matériellement et absolument invraisemblables. Ce qu'il y a de positif, c'est que, comme je l'ai dit, cette série de lettres doit constituer un mot indépendant, car, pour en faire une partie modifiée de la formule נדר אש נדר qui s'achèverait au commencement de la ligne suivante, savoir נדיר ש, ainsi que M. Bourgade, נאדר אש, ainsi que M. Bargès, il faudrait d'abord accepter, surtout dans la leçon du dernier auteur, des restitutions de lettres non moins éloignées que les miennes; puis, dans la leçon de M. Bourgade, celle qui s'écarte le moins de l'apparence matérielle, supposer, d'une part, qu'un *iod* adventice est introduit comme *mater lectionis*, ce qui serait entièrement contraire à ce que l'on a constaté dans le reste de l'épigraphie phénicienne; d'une autre part, qu'un *schin* solitaire représentait le substantif אשה, *sacrifice* : cette dernière conséquence me semble suffire pour condamner la leçon. Enfin M. Bourgade est obligé de former, à la seconde ligne, le substantif peu probable אאת pour את ou אות, *signe, convention*, puis du reste de la même ligne et du commencement de la suivante, le nom propre non moins invraisemblable עבד-מותגבעל. M. Bargès est entraîné à lire, vers la fin de la seconde ligne, בת, là où, au lieu d'un *tau*, il y a évidemment un *resch*.

La lacune de la troisième ligne ne peut être remplie que par conjecture. J'ai déjà dit que M. Bourgade y rétablit מה qu'il rend par *sic*, M. Bargès כחת, qu'il lie à l'*aleph* du commencement de la ligne suivante pour faire une 3ᵉ p. s. f. du prét.=hébreu כחתה, *caligabat*, ou, faisant de cette figure qui ressemble positivement à l'*aleph*, un *iod*, il suppose qu'on peut aussi lire כחיתי, *caligabam* ou *caligavi*. Cependant, dans le corps de la transcription et de la traduction, il met, d'un côté, כחתא, de l'autre *caligabam*; je ne sais comment, à son point de vue, il concilie cette version : tant de confusion ne prouve-t-il pas un embarras inextricable? M. Bourgade ne dit pas du tout ce qu'il fait de cet *aleph* du début de la dernière ligne. Selon moi, il ne peut que se rattacher à un mot de la fin de la ligne précédente, et cette condition prouve que ce mot ne peut être כחת; c'était probablement un nom propre terminé par cet *aleph* et précédé de בן, par conséquent le nom de l'aïeul de l'auteur du monument. Le reste de l'épigraphe est la formule n° 9 du tableau général, *auscultavi, maledixi-benedixi*.

4.

6ᵉ Tunisienne.

Il ne se trouve point de copie de cette inscription parmi les dessins que m'a envoyés M. Rousseau. L'épreuve publiée par M. Bourgade laisse beaucoup à désirer. Voici comment je pense qu'on la peut transcrire et traduire :

Domino Baali Hammani, hoc vovens Hannimelech	לאדן לבעל חמען אש נדר חנמלך
filius Ozirbalis filii Manicbalis; in afflictione consumptionis	בן עזרבעל בן מככבעל בען כלען
Auscultavi, maledixi vel benedixi.	שמא קלא וברכא

4

J'adopte les noms propres proposés par M. Bargès, et comme lui aussi je reconnais qu'au lieu de עזרבעל (secours de Baal), on pourrait lire עשר בעל, *Oscherbal* (richesse de Baal), adopté par M. Bourgade dans sa 2ᵉ éd., ainsi que מַתנבעל, *Mutunbal* (don de Baal) au lieu de מנכבעל (collier de Baal); mais les premières leçons me paraissent plus conformes à la valeur des figures.

Dans le membre de formule écrit à la 1ʳᵉ ligne entre בעל et אש, je lis חמען, remarquable par l'interposition de l'*aïn mater lectionis*, un groupe que MM. Bourgade et Bargès ont transcrit נדער; la première figure monte trop pour être un *nun*; la deuxième, au contraire, ressemble exactement à cette lettre. D'un autre côté il me semble peu probable qu'on ait écrit en ce point נדער et presque à côté נדר.

A la fin de la seconde ligne, M. Bargès a transcrit les deux derniers groupes ainsi : בעת כלען, M. Bourgade, dans la 2ᵉ éd. : בעת כל-ען. Celui-ci rend ces mots par *modo totum significatum* (fidelis solvit) ; il appuie sa leçon et l'acception fort détournée qu'il prête à ען supposé valoir ענה, sur l'existence, selon lui, du même thème, ען, dans la 2ᵉ Tunisienne, et ענע dans la troisième. Nous avons vu que, dans la première de ces deux inscriptions, laquelle est fruste, ce que M. Bourgade considère comme un *aïn*, est, d'après l'analogie formulaire, le vestige d'un *qôph*. L'autre est plus altérée encore et n'autorise aucune déduction. M. Bargès tire de sa leçon le sens suivant : *In tempore quo incluserunt me*. Pour cela, il faudrait supposer que la formative de la 3ᵉ p. pl. a été supprimée et que le *nun* final est la marque du pron. de la 1ʳᵉ p. s. en régime. Mais cette lettre est le signe du pron. de la 1ʳᵉ p. pl. suffixe dans la 1ʳᵉ *Maltaise*, c'est la formative de la même personne du verbe au prétérit dans l'épitaphe d'Asmounezer : en la prenant pour servile ici aussi, on ne pourrait donc la rattacher qu'à la 1ʳᵉ p. pl. Au surplus, la troisième figure de cette partie de la ligne ressemble plus à un *nun* qu'à un *tau*. Je lis donc בען כלען, et je prends ען pour עני, *affliction*, כלען pour כליון, *consomption, in afflictione consumptionis*, hébraïsme pour *afflictione consumptus*. Cette locution est analogue à celle des trois inscriptions précédentes כחת et כחת כחת; de même que celle-ci, elle s'adapte naturellement au sens général que je donne à la légende.

J'ai précédemment discuté la variante de cette légende inscrite à la dernière ligne.

5.

2ᵉ et 4ᵉ *Numidiques de Gesenius*.

J'ai, depuis 1842, *Essai*, etc., transcrit et traduit la première de ces inscriptions, excepté le premier et le dernier nom propre, comme il suit :

Domino Baali Hammani. Prout auditum,	לאדן בעל חמן כעשפע
Maledixi benedixi Serdra filius	קלא ברכא צרערא בן
Biricbalis filii Mygdonis.	ברכבעל בן מעוגעדן

Le motif de la rectification du premier nom propre que j'avais lu d'abord *Sindna* est que les 2ᵉ et 4ᵉ figure ne peuvent être ni des *beth*, ni des *daleth*, ni des *nun* tracés différemment dans d'autres parties de l'inscription; l'analogie ne permet donc d'en faire que des *resch*. Quant au dernier nom, la modification résulte d'une meilleure détermination du 3ᵉ signe, qui ne peut être qu'un *vau*. Saint Augustin, *ép.* 16, cite un martyr du nom de *Mygdon*.

Dans la 4ᵉ *Numidique* de Gesenius, la légende entière est rejetée à la dernière ligne. Quoique j'aie examiné l'original à Leyde, les deux lignes précédentes m'offrent encore trop d'obscurité pour que je juge prudent d'en essayer la transcription et partant la traduction. M. Bourgade a cru pouvoir s'affranchir d'une pareille abstention. Il y a sans doute dans les deux premières lignes un assez grand nombre de lettres dont la détermination est facile; je ne crois pas nécessaire de les signaler : mais il y en a assez d'incertaines pour m'empêcher d'arriver à une interprétation qui satisfasse suffisamment. Les lecteurs, en se reportant au mémoire de M. Bourgade, jugeront s'il a été mieux inspiré. Celui de ses mots qui a le plus de vraisemblance, c'est le premier, *Massinissa* ; mais il faudrait transcrire בששנאשן, au lieu de משיניישען, car ce nom illustre est orthographié comme je viens de l'indiquer sur une pierre de la galérie algérienne du Louvre, la 15ᵉ *Numidique* de ma nomenclature, *Et. dém.*, pl. 16. Il est possible aussi toutefois que le début de la 4ᵉ *Numidique* soit מצבת. Mais passons à la formule.

Pour être contenue dans la 3ᵉ ligne en caractères plus grands que ceux des deux autres lignes, elle a dû être un peu abrégée ; elle est ainsi conçue : לבעל שמע קלא ברכא, *Baali. Auscultans, maledixi-benedixi*. La copie de Gesenius porte sur le bras courbé de l'avant-dernière lettre un petit trait vertical qui donne à la figure l'apparence d'un *mem* de forme normale, et le célèbre auteur lui a en effet assigné cette valeur ; il lisait עמת, *peuple*, mot qui n'existe point en pareille condition en hébreu (1). J'avais fait remarquer, d'une part, que la même lettre ne pouvait, sur le même monument, avoir, en une seule place, cette forme correcte, et, en plusieurs autres endroits, la forme modifiée des épigraphes *numidico-puniques* ; d'une autre part, que le parallélisme appelait un *caph* pour y former le mot sacramentel ברכא, et ces deux motifs, réunis sur le même point, m'avaient paru démontrer théoriquement qu'il devait y avoir, non un *mem*, mais un *caph*. L'examen direct du monument m'a permis de constater qu'en effet le petit trait vertical n'existe pas. Cette vérification après coup montre, à un point de vue général, la justesse du principe basé sur le parallélisme et, à un point de vue particulier, la possibilité qu'un trait parasite ait été indûment placé sur une copie, ce qui autorise à en soupçonner l'illégitimité quand on y est porté par les analogies de contextes, comme je l'ai fait, un peu plus haut, à l'occasion de la 8ᵉ *Tunisienne*.

6.

9ᵉ, 11ᵉ, 12ᵉ, 13ᵉ, 14ᵉ, 27ᵉ *Numidiques de ma nomenclature ; une inédite.*

Ces sept inscriptions, qui forment une catégorie à part, bien distincte et homogène par le lieu de leur provenance, savoir *Ghelma*, l'ancienne *Calama* de Numidie, ainsi que par l'analogie de leurs contextes, méritent le plus grand intérêt. En voici, selon moi, la lecture et la version :

12ᵉ.

Domino Baali Hammani laus !	לאדן נבעל חמן שבה
Bomâna in Malaca princeps vi-	בופעכא במלכא שר אה
r *prout audivi signum maledixi.*	אש ושעמא את קולא

13ᵉ.

Domino Baali (Ha) mmani laudem concinu-	לעדן בעל פן שב
i *Abdosir in Malac-*	א עבדעשר במלכ
a *princeps.*	א ש . . . . . ש . . . . א

---

(1) Aussi Schwartze (*Das alte Ægypten*, etc.), prenant pour exacte la transcription de Gesenius, est-il obligé de dire : « Nonnulla nomina apud Phænices formam fœmininam habent ubi hæc apud Hebræos non usitata » est, v. c. עמת, i. q. עם, populus. » I, p. 713, note 5.

11ᵉ.

Domino Baali (Ha)mmani laudem concinui M-	לעדן בעל פֻן שעבא מ
ilcaton filius Balitonis in Ma-	ילכעתן בן בעליתן במ
laca princeps vir prout audi-	לכא שר אהיש ושע
vi signum maledixi.	פוא את קולא

Inédite.

Domino Baali (Ha)mmani lau-	לעדן בעלֻמן שע
dem concinui Ariston filius Mil-	בא ערשתן בן פֻיל
catonis in Malaca princeps	כעתן במֻלֹכה שרם
vir prout audivi signum maledixi.	אהש ושעפוא את קולא

14ᵉ.

Domino Baali (Ha)mmani selectio.	לעדן בעל מן נמשאת
Impositio lapidis legatorum in Malac-	מן אבן משנם במֻלכ
a principum virorum :	א שרם אחנאשם
prout audierunt maledixerunt.	ושפֻם קלם

9ᵉ.

Domino Baali (Ha)mmani lau...	לעדן בעל פֻן שעב.
In Malaca princeps vir	במֻלכה שר אהש
Qitatzel auscult..	קיטטזל שעמ.
Signum maledi...	את קאל.

27ᵉ.

Extuli hoc promissum (vel præceptum) domino	נעשא שדבר לעדן
Baali (Ha)mmani in Malaca prin-	בעל מן במֻלכא שר
ceps vir..	ם איש

J'ai indiqué les inventeurs et donné les dessins des 9ᵉ, 11ᵉ, 12ᵉ, 13ᵉ, 14ᵉ dans mon *Etude démons-* *trative*, etc. ; de la 27ᵉ, dans la *Rev. archéol.*, juin 1847 ; je le reproduis ici de nouveau :

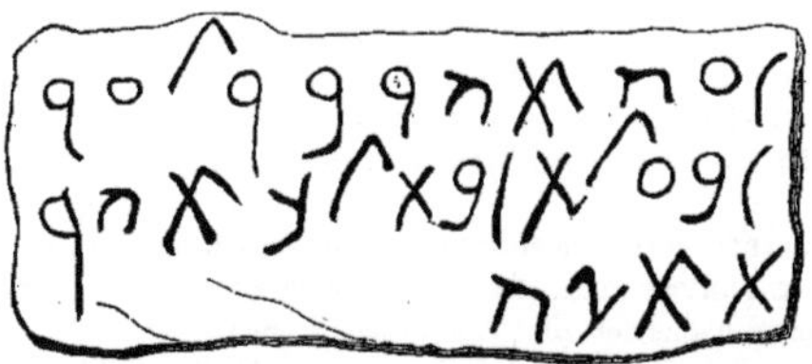

L'exemplaire inédit est celui qui m'a été envoyé par M. Puel et dont j'ai parlé à la page 14; j'en présente la copie pl. 2. Dans la 9ᵉ, j'ai rectifié, d'après une indication de M. de Saulcy, le nom d'homme, dont l'orthographe n'était pas tout à fait exacte dans ma première épreuve.

Relativement au premier membre de la formule, cinq de ces inscriptions sont remarquables par la substitution d'*aïn* à *aleph* dans le mot עדן pour אדן ; la première donne la radicale normale et fournit ainsi une base certaine pour l'assimilation. Au surplus, le fait et la fréquence de cette permutation sont aujourd'hui tellement notoires qu'il n'y a pas lieu de s'y arrêter davantage. Les six dernières épigraphes appellent aussi l'attention par l'aphérèse du *chet* de חמן, et la première rétablit encore le thème régulier. J'ai le premier signalé cette aphérèse en 1842 dans mon *Essai*, etc. J'en ai récemment publié un nouvel exemple dans une autre inscription de Ghelma sur laquelle j'ai inséré une note dans le cahier du *Bulletin archéologique* de juillet 1856. Il paraît donc que cette particularité orthographique était propre à la localité dont il s'agit.

Quant au dernier membre de la formule, je l'ai précédemment discuté.

Pour la partie intermédiaire du texte, en comparant les 12ᵉ, 13ᵉ et 11ᵉ inscriptions, on reconnait qu'il y a des groupes constants, qui se montrent sur chaque exemplaire, et des groupes variables, différents sur chaque monument.

Les groupes variables sont sur la 12ᵉ בומענא, sur la 13ᵉ עבדעשר, sur la 11ᵉ מילכעתנבכבעליותן. Au milieu de cette dernière suite de lettres on remarque בן, expression ordinaire du sens *Fils* ; les deux groupes qu'elle sépare doivent donc être des noms propres, et en effet, à un point de vue général, on observe qu'ils sont chacun terminés par תן, désinence très-fréquente des noms propres numidico-puniques, ainsi que je l'ai indiqué dans la *Revue Numismatique*, cah. de nov.-déc. 1856 ; au point de vue spécial de chacun des groupes, on voit que l'un, valant *Milchaton*, se trouve en effet comme nom propre sur une tessère d'hospitalité écrite en latin, celle de la ville africaine de *Gurza* publiée dans les *Acta fratrum Arvalium* (Rome, 1795) où il est au génitif, *Milchatonis* ; l'autre, *Balithon*, existe sur plusieurs inscriptions latines et sur d'autres monuments numidico-puniques. בומענא sur la 12ᵉ et עבדעשר sur la 13ᵉ sont donc aussi des noms propres, sans filiation. עבדעשר figure effectivement comme nom propre sur d'autres pierres.

Les groupes permanents, sauf quelques nuances qui, dès le premier aperçu, peuvent être présumées accessoires, sont donc :

12ᵉ.	במלכאשראהאש.	שבח.
13ᵉ.	במלכאש.....ש.	שבא.
9ᵉ.	במלכהשראהש.	שעב.
11ᵉ.	במלכאשראהיש.	שעבא
27ᵉ.	במלכאשרמאיש.	. . . .
Inédite.	במלכהשרמאחש.	שעבא
14ᵉ.	בסלכאשרמאחנאשם.	. . . .

Chaque variété du premier groupe se trouve séparée entre la formule commune לאדן בעל חמן ou לעדן בעל מן et le nom propre ; elle doit donc avoir un sens spécial, indépendant. On y remarque des modifications orthographiques analogues à celles de שבוע, שמא, שעמא sur plusieurs des inscriptions précédemment étudiées. La 12ᵉ nous ayant déjà donné seule les formes régulières אדן et חמן, nous pouvons présumer que שבח, qu'elle contient seule aussi, est le thème normal. En effet, en hébreu, comme l'a fait observer le premier M. de Saulcy, ce thème a une signification qui s'adapte très-bien ici, savoir, *louange, louer, célébrer*. On peut donc recevoir cette version sans hésiter (1).

Relativement à l'autre partie, en éliminant encore provisoirement les lettres variables, on a, en dernière analyse : במלכ.שר.א....ש. Ces éléments invariables doivent former des radicaux. En effet avec eux seuls nous pouvons déjà discerner le sens d'une phrase.

Ainsi l'on trouve d'abord מלך se rattachant à la signification *Régner, roi*. Le *beth* qui précède peut être une préposition dont la valeur ne sera appréciable que lorsque la phrase sera plus avancée.

---

(1) Cependant M. Ewald, mettant un *zaïn* au lieu du *schin*, y voit une épithète signifiant *céleste* donnée à Baal ; mais je produirai bientôt une autre inscription dans laquelle ce groupe est trop loin de la dédicace pour comporter ce sens.

שר, dans l'acception *prince*, *chef*, *préfet*, se lie très-bien à la première idée. Mais, dans ce cas, il faut que le mot qui précède, muni en effet de la préposition signifiant *Dans*, soit un substantif exprimant le sens de *royaume* en général, ou un nom propre de ville, ainsi qu'on le voit sur des médailles pour une ville d'Espagne, מלכא, *Malaca*. Nous voyons en effet un *aleph* suivre מלכ sur les 12ᵉ, 13ᵉ, 11ᵉ, 27ᵉ et 14ᵉ de nos inscriptions. Mais sur la 9ᵉ et sur l'exemplaire inédit il y a un *hé*. Cette terminaison plus hébraïque est primitive ; l'*aleph* des autres cas est une mutation. Elle serait naturelle en toute circonstance ; mais elle l'est surtout sur un monument de cette localité. En effet, j'ai publié, comme je l'ai dit ci-dessus, dans le *Bull. archéol.*, une autre inscription de Ghelma extrêmement remarquable par le rôle que l'*aleph* y joue comme épenthétique ; nous allons le voir employé pareillement dans le dernier groupe de notre membre de formule ; il se fait remarquer aussi dans קאל de la 9ᵉ *Numidique*. La prédilection pour cette lettre paraît donc une particularité caractéristique de l'orthographe de cette localité. Nous pouvons, dès lors, dire provisoirement *In regno* ou *Malaca* (1) *præfectus*.

אש, d'après le contexte, et à raison d'ailleurs des lettres adventices qui sont dans tous les exemples interposées entre ses deux éléments, ne peut être le pronom démonstratif dont l'existence en phénicien est maintenant prouvée par tant de monuments. La 2ᵉ *Athénienne* de Gesenius nous donne ce mot avec le sens *Homme* comme équivalent de l'hébreu איש ; d'un autre côté, nous voyons dans l'*Exode*, II, 14, איש associé à שר dans cette interrogation : מי שמך לאיש שר, *Quis posuit te virum principem?* Nous pouvons donc présumer ici une union analogue.

Entrons maintenant dans les modifications apportées par les lettres variables de ces deux derniers groupes.

Après שר paraît un ם sur la 27ᵉ, l'exemplaire inédit et la 14ᵉ. Cette lettre doit être servile puisqu'elle n'est pas constante. Ce ne peut être que la marque du pluriel de שר ou une préformante du groupe suivant. Mais, dans la dernière hypothèse, on ne peut former aucun mot ; il faut donc admettre la première, et cette détermination est d'autant plus plausible, que, sur la 14ᵉ, un *mem* se trouve aussi, non-seulement à la fin du groupe suivant de ce membre de formule, mais dans le membre de formule terminale, à la fin de ושמם et de קלם, en sorte qu'il est impossible de ne pas voir dans ces assonances une manifestation de concordance grammaticale, d'indication de pluriels corrélatifs. Subsidiairement cette circonstance concourt à prouver que שר est un groupe spécial. Quant aux deux autres cas où la concordance n'existe point, j'en reparlerai bientôt.

Ce qui exige un examen plus minutieux, c'est le dernier groupe, en y introduisant les lettres variables. Il en résulte, pour la 12ᵉ אהאש, la 11ᵉ אהוש, la 9ᵉ et l'exemplaire inédit אהוש, la 27ᵉ איש. On remarque précisément et d'emblée dans cette dernière forme le radical hébreu correspondant à אש dans le sens *Homme* auquel je me suis arrêté ci-dessus. En réduisant pour toutes les formes le thème à trois lettres, on n'a que איש et אהש. Celui-ci n'existe pas en hébreu, et l'on ne pourrait, je crois, le rattacher à cette langue par aucune induction. C'est donc réellement איש (2) qui est le thème du dernier groupe. On lit dans l'*Exode*, je le répète, איש שר. L'une des acceptions de איש est *chef*, *prince*, *noble* ; elle peut très-bien s'allier à celle de שר. Mais je crois que le sens est plus précis encore et que איש doit être entendu ici comme *vir* dans cet hémistiche de Virgile, VIR GREGIS IPSE CAPER, *celui qui marche en tête, le premier* : שר איש serait donc *Dux primus* ou *princeps pri-*

---

(1) M. Bourgade, dans sa nouv. édit., dit : *in consilio* ; j'espère que, d'après les nombreuses raisons que je vais exposer, il ne restera aucun doute sur la signification *in Malaca*.

(2) Avant la rectification proposée par M. de Saulcy au sujet du *hé* numidico-punique, ne pouvant ici, à raison des contextes, faire un *resch* de la figure dont il s'agit, je la regardais comme un *chet* dont on aurait omis un trait à gauche ; je mettais ainsi אהש, אהאש là où il y a אהש, אהאש, et j'étais obligé, pour traduire ce mot, de recourir à une explication forcée. Aujourd'hui une explication naturelle se concilie avec une détermination exacte de la lettre.

mus, præfectus. Dans אהיש, le *hé* est *mater lectionis*, c'est le soutien de l'initiale *aleph;* la présence du *iod* donne la présomption qu'il est radical, car les Phéniciens éliminaient en général cette lettre lorsqu'elle était quiescente; c'est donc, je le répète, le *hé* qui doit être épenthétique. Dans אהאש, le second *aleph,* à raison de la prédilection précédemment signalée, remplace le *iod,* comme dans l'hébreu אש pour יש, *Est.* Le *iod* est supprimé dans אהש, comme dans le féminin hébreu אשה, et comme en phénicien dans אש de la 2 *Athénienne* de Gesenius.

Le pluriel אהנאשם de la 14e *Numidique* confirme d'une manière fort curieuse le choix que j'ai fait de איש pour thème. En effet, en retranchant les deux lettres nouvelles נ et ם, on reconnaît אהאש, qui répond à אהאש de la 12e. Le *mem* final indique le pluriel. Or en hébreu le pluriel ordinaire de איש est אנשים, soit en phénicien אנשם; de là l'insertion du *nun* dans notre groupe. *Chet* et *aleph* sont *matres lectionis* : pour l'*aleph,* nous avons vu que c'est un fait familier aux monuments de cette localité; la substitution du *chet,* aspiration forte, au *hé,* aspiration douce, qui existe aussi comme *mater lectionis* dans la 12e et la 11e, a probablement été appelée par le voisinage du *nun* inséré. Il y a en effet des recherches à faire sur ces intercalations et permutations de lettres. E. Burnouf a prouvé qu'en sanscrit certaines lettres, entre autres le N, portent avec elles une aspiration qui remonte presque toujours sur la consonne qui les précède immédiatement. Ne serait-ce point la raison du *chet* non radical devant *nun?* L'hébreu fournit des exemples analogues.

La 27e *Numid.* (1) et l'exemplaire inédit portent שרם אהש et שרם איש, c'est-à-dire un précédent pluriel avec le conséquent singulier. La détermination des lettres est indubitable, même sur l'exemplaire inédit, nonobstant un petit éclat de la pierre à l'endroit où l'*aleph* a été gravé. Le défaut de concordance est donc constant. Il s'explique sans peine en regardant שרם comme un pluriel d'excellence n'entraînant pas le même nombre pour les mots avec lesquels il est en rapport, de même que dans *Isaïe,* xix, 4 : ארנים קשה, *Maître dur,* et dans *Jérém.* xxix, 26 : רהיות פקדים בית יהוה, *Afin que tu sois préfet dans la maison de l'Eternel.*

En reprenant maintenant l'ensemble de la phrase, il convient de préciser le sens de מלכא ou מלכה. L'acception générale de *Royaume* me paraît trop étendue, trop élevée pour la résidence dont il s'agit. Mais, en me reportant au nom latin de la localité *Calama* et en considérant qu'on ne trouve במלכא que sur les inscriptions découvertes dans les ruines de cette ancienne ville, qu'on ne le lit sur aucune des épigraphes assez nombreuses déterrées à une très-petite distance, à *Hanschir-aïn-Hechma,* je vois dans מלכא=AƆ⅃M, ou AƆA⅃AM en ajoutant les voyelles qui ne s'écrivent pas dans le phénicien, le nom punique de la ville qui, lu en sens inverse selon la coutume des Romains, est devenu CALAMA (2). L'ensemble de cette suite de lettres peut donc se rendre par *In Malaca* (calama) *dux primus* ou *præfectus.* Le renversement d'un mot suivant l'ordre différent de lecture des peuples, tel que celui que nous assignons à AƆA⅃AM et à CALAMA, n'a rien d'extraordinaire; on trouve de même, par exemple, dans le *Stadiasme maritime, Bacaté* pour *Tacapé* des autres itinéraires, aujourd'hui *Cabes* dans la régence de Tripoli. Une autre *Calama,* placée près du fleuve *Mulucha* qui séparait les deux Mauritanies, s'appelait primitivement aussi *Mulucha.* En effet cette

---

(1) Dans cette 27e *Num.* דבר pourrait être le nom propre, comme je l'ai pensé d'abord ; mais je crois qu'il serait trop éloigné de sa qualification, quoique ce ne soit peut-être pas une objection absolue. Le sens que je préfère aujourd'hui s'accorde avec les leçons correspondantes des autres textes. Il faut alors penser que le nom propre, qui devait être à la fin, n'a pas été gravé pour une cause qui nous échappe ou qu'il a disparu par l'effet du temps.

(2) M. Bourgade, pag. 11 de son mémoire, 1re édit., et 29, 2e édit., critique la locution *In regno princeps regius* que j'avais d'abord employée pag. 58-74 de mon *Et. démonst.* Mais, sans regarder, ainsi que le savant auteur, cette locution comme invraisemblable, je lui avais substitué à la pag. 153, et j'ai reproduit dans la *Rev. archéol.,* 15 juin 1847, pag. 191, celle que j'expose ici de nouveau. Je regrette que mon contradicteur n'ait pas eu la patience de pousser un peu plus loin sa lecture.

Je possède une autre pierre trouvée aussi à Ghelma, et qui m'a été envoyée il y a plusieurs années par le

Calama, aujourd'hui *Calaat-el-oued*, est regardée comme le *Castellum mediocre* pris si heureusement par Marius après le sac de *Capsa* (Cfr. Barbié du Bocage, *Trad. de Sall.* par Mollevaut,

---

docteur Grellois. L'inscription en est fruste, et cela m'a empéché de la comprendre dans l'analyse précédente. Cependant je suis parvenu à y lire assez distinctement :

Domino Baali (Ha)mmani sculptura	לעדן בעל מן מקאלע(ת?)
N *consecravi*	לגה שעבא
Lachus in Malaca princeps v-	לעח במלכ , שרםהא
ir.	יש

On notera מקאלעת, sans doute pour l'hébreu מקלעת, en se rappelant que l'intercalation de l'*aleph* est
propre à cette ancienne ville, et l'acception spéciale que je crois ressortir ici de la position de שעבא, dont le
radical שבח a en chaldéen, on le sait, une signification très-large. M. de la Mare a dessiné la pierre sur sa
pl. 190 sous la rubrique Bône, à cause de l'état avancé de la publication lorsque je la lui ai communiqùée. Je
donne une copie de l'inscript. à la pl. 3, n° 2.

Enfin la Société archéologique de Constantine, dans le second cahier de ses *Annales*, 1856, a publié une inscription provenant encore de Ghelma, que, malgré l'imperfection de la copie, on peut transcrire et traduire ainsi :

Domino Baali (Ham) mani laus! In Malac-	. לערן לבעל מען ש(בח?) במלכ
a princeps vir Abdman filius . . .	א שר איש עבדמען בן ש..
. . . prout audivi, signum maledixi.	.ושעמא את קולא . . . .

Je mets מען à la 1re l., au lieu de מן à cause de l'espace, et, plus particulièrement, de la présence probable
d'*Abdmon* à la 2e l.; car, avec les lettres que la copie indiquerait on ne trouverait aucun nom de divinité; mais,
malgré cela, il peut n'y avoir que מן à la 1re l., ce qui est indifférent pour le sens. De même, au commencement de la 2e l., il peut y avoir ou שרם, איש, ou שר אהיש, variantes qui existent en effet dans la série
précédemment étudiée. Cela n'est que secondaire ; ce qui importe, c'est la présence de la formule en elle-
méme, et cette présence me paraît indubitáble. Assurément la coïncidence de ces nombreux exemples exclusivement dans une seule localité est fort remarquable.

M. Ewald saperait puissamment cet argument si, dans la 6e Tunisienne de M. Bourgade, dont on ne connaît
pas à la vérité l'origine précise, mais qui me paraît certainement ne point venir de Ghelma, on lisait réellement, à la fin de la première ligne et au commencement de la seconde, במלך עש, *in regione hâc*, auquel il rapporte les passages dont nous nous occupons ici ; il traduit en effet le passage de cette manière :

13^e	. . . . . במלך אז,	*In regione hac......*
11^e	ראהאז — ——	*In regione hâc Ra Hes.*
14^e	רמאז פנאזם — ——	*In regione hâc Ra Hes in Nasam.*

D'abord, quant à l'assimilation à la 6e Tunisienne, je ferai observer, en premier lieu, que rien n'autorise à
voir עש, pour אשר═אש, dans les deux premières figures de la 2e ligne ; en second lieu, que ce groupe,
s'il existait réellement, manquerait du complément de nom de ville que M. Ewald suppose dans les inscriptions
de Ghelma. Pour m'en tenir à celles-ci, je signalerai, sans m'y attacher, la substitution, sans nécessité, de *zaïn*
et de *samech* à *sin* ou *schin*, ce qui entraîne partout la leçon זמע au lieu de שמע. Ce qui est plus important, c'est, dans la 14e, la substitution dans la 1re ligne de מוגגנ à מן pour חמן, ce que l'auteur lui-même
reconnaît n'être pas clair, l'omission du *mem* de רמאז dans la transcription du nom de ville, *mem* qui chan-
gerait ce nom et introduirait une incohérence, enfin l'emploi du *phé* pour le *beth* préposition valant *in*. Relativement à l'ensemble des monuments, qu'est-ce que cette région ou cette ville de *Ra Hes* dans un cas, de *Rames*
dans l'autre ? Si elle n'était Ghelma elle-même, elle ne pouvait en être loin, car on ne peut supposer la translation
lointaine d'un pareil nombre de pierres, et le pronom démonstratif indiquerait qu'il s'agit de la localité même où
ces pierres existent : comment donc expliquer *Nasam* que M. Ewald regarde comme le pays des Nasamons ? Je
pense donc que les lecteurs compétents qui examineront avec réflexion les deux interprétations ne préféreront pas
celle de M. Ewald.

p. 369; Marcus, *Géogr. anc. des Etats barbaresques*, trad. p. 765; Pellissier, *Explor. scient. de l'Algérie*, t. vi, p. 336, etc.). Salluste ne donne pas le nom du *Castellum*, mais Florus, *Hist. rom.* 4, l. iii, 15, le nomme *Mulucha* : « Et saxeo editam monti Mulucham urbem per Ligurem, aditu ar-» duo inaccessoque, penetravit. » On doit donc croire que c'est là le nom véritable et que *Calama* est une altération résultant du sens opposé de la lecture chez les indigènes et chez les Romains.

La justesse de cette opinion me semble confirmée par ce rapprochement. On sait que le nom du philosophe PORPHYRE (*pourpre*, couleur du manteau royal) était la traduction grecque de celui de MALACUS, MALCHUS (*roi*), que cet écrivain phénicien portait dans sa langue natale. Or en Egypte, non loin du désert de Scété, existait un autre désert nommé *Porphyrion* ou *Calamus* (Et. Quatremère, *Mém. géogr. et hist. sur l'Egypte*, i, 472); n'est-il pas extrêmement probable que *Calamus* est ici aussi pour *Malacus*, dont *Porphyrion* est l'équivalent comme *Porphyrios* dans le nom d'homme ? Le terme original מלך, *roi*, ou מלכת, *vêtement royal*, n'est pas plus surprenant en cette région, pour l'époque dont il s'agit, que celui de *Melcati* qu'on trouve plus bas, près d'Alexandrie; il a pu être donné par les Libyens du voisinage qui l'avaient emprunté aux Phéniciens à cause du sel rouge qui abonde dans cette contrée (1), sel qui en arabe, selon Macrizi (Et. Quatr. *ibid.*, p. 463), est par le même trope appelé *sultani*, de même que le volatile anciennement nommé *Porphyrion* est aujourd'hui notre *poule sultane*. Il est d'ailleurs à remarquer qu'en tête de plusieurs noms que Macrizi assigne à la vallée de Habib dont ce lieu fait partie se trouve celui de *Ouadi al molouk* qu'Akerblad, *N. Journ. asiat.*, xiii, 422, rend par *vallée des rois* et dont il dit : « Je ne sais trop ce qui a pu valoir au désert cette dénomination. » C'est la couleur royale, la couleur sultane de l'un des produits minéralogiques. Le nom de *Malaca* ou *Calama* de Numidie avait la même origine, pour une cause un peu différente. En effet, cette ville était assise près d'une rivière que les Romains appelaient *Rubricatus*. Hamaker et Gesenius donnent à ce nom l'étymologie רי בריכת ou רו, *Irrigatio* ou *rivus benedictionis*, que j'ai autrefois admise; mais en observant que ce nom n'existe que chez les Romains; que, d'un autre côté, une partie de cette rivière porte aujourd'hui le nom *El-hamar, le rouge*, ainsi qu'on le voit au gué *Mjez-el-hamar*, lieu voisin de Ghelma sur lequel, en 1837, s'est concentrée notre armée pour marcher à l'attaque de Constantine, et qu'on pourrait rendre en latin par *Vadum Rubricati*, je reviens à l'étymologie toute latine de Bochart qui a dû être bien convaincu pour ne pas devancer l'explication phénicienne que je viens de rapporter. Je ne pense pas cependant que la qualification provienne de la fabrication des briques; je l'attribue à la couleur que prend parfois l'eau de cette rivière en traversant un sol ferrugineux et souvent rouge. *Malaca*, par inversion *Calama*, est donc une métonymie pour dire *la pourprée, la rouge*, comme *sultani*, épithète arabe du sel rouge, etc., et il est à remarquer, au sujet de la *Mulucha* ou *Calama* de Mauritanie, que, très-près de cette station, en existait une autre nommée *Ad Rubras*.

La 14ᵉ inscription, entre le membre de formule ’לעד.ן.ב et la suite de lettres ש’ במלכא, au lieu du simple mot שבת ou de l'une de ses variantes, offre cette nouvelle série de lettres גמשאתמנאבנגמשגנם. On remarque à la fin le *mem* qui, probablement, annonce la concordance du dernier groupe que doit produire la coupure nécessaire de cette longue suite avec שרם אהנאשם et ושמם קלם qui distinguent en même temps ce texte. Or on ne trouve, si je ne me trompe, de coupure plausible, dans cette condition, qu'à משגם. Ce mot, formé de שבים, *Deux*, peut en effet s'unir naturellement à שרם אהנאשם, soit qu'on le considère comme correspondant au latin *Duumvir* (titre dans lequel *vir* a implicitement la valeur de *chef* comme איש dans nos inscriptions), soit qu'on en fasse un titre de subordination au chef du gouvernement et qu'on le compare alors au terme latin *Legatus*; ainsi,

---

(1) Andréossy, dans son célèbre *Mémoire sur la Vallée des lacs de natron*, pag. 7, dit : « Les eaux d'une » partie du lac n° 3 et celles du lac n° 4 sont colorées en rouge par une substance végéto-animale. Lorsqu'on fait • évaporer ces eaux, le sel marin qui cristallise le premier retient cette couleur rouge et acquiert l'odeur agréable » de la rose. »

II. *Paral.*, xxviii, 7, משנה המלך, etc. L'histoire de la Numidie prouve qu'une pareille fonction existait dans la monarchie de cette contrée, car c'est à une position semblable que Tite-Live, iii, 9, fait allusion en disant, à propos d'une promesse de Mézétule à Lacumac : « Futurum eodem honore » quo apud Galam Desalces quondam fuisset. » Ammien Marcellin, xxix, 5, p. 466 de l'éd. de Gronovius, Leips. 1773, s'exprime ainsi : « Dumque hæc aguntur, reverterunt Gildo et Maximus, » Bellenen, e principibus Mazicum, et Felicium, gentis præfectum, ducentes. » Ces préfets ou lieu-tenants pouvaient être de ceux dont saint Augustin, dans sa lettre à Hesychius, parle en ces termes : « Barbaræ innumerabiles gentes non habent reges suos, sed super eos præfecti a romano consti-» tuuntur imperio. » En ce qui concerne particulièrement Calama, nous voyons dans les documents lapidaires recueillis par diverses personnes, mais surtout par M. de La Mare, Expl. scient. de l'Algérie, *archéol.*, l'indication d'un magistrat unique, tantôt sous le nom de *Curator reipublicæ,* pl. 183, n° 1, etc. (1), tantôt sous celui mieux approprié encore à nos inscriptions de *princeps,* ainsi que cela me paraît ressortir d'une part du fragment n° 8, même pl. où se trouve, à la 2° ligne, le mot entier *princeps,* se rapportant à *Saturninus,* désigné à la 1° ligne, et immédiatement pré-cédé de ...*es,* que je regarde comme la terminaison de *Kalamenses* (apud Kalamenses princeps) ; d'une autre part, de l'inscription n° 4, où l'on voit la mention d'un monument élevé à la Victoire sous le principat de *Pudens,* fils d'*Auchasor* (2), *principatu Pudentis, Auchasoris F.* Ceci ne laisse aucun doute.

En remontant dans la série de lettres de la 14° inscription qu'il nous reste à expliquer, on peut, d'après les données d'une autre famille d'épigraphes numidiques, former, pour le commencement de la seconde ligne, ces deux groupes מן אבן qui signifient, comme je l'ai déjà dit p. 36, *Impositio lapidis,* dans une acception sépulcrale.

Reste donc, à la fin de la 1° ligne, après לעדן בעל מן, le groupe נמשאת, auquel j'ai déjà fait allusion p. 58. Comme substantif, ce mot n'existe point en hébreu ; mais le nom propre נמשי, que l'on regarde comme équivalent à נמשה, est donné par la Bible pour celui de l'aïeul de Jehu, I. *R.* xix, 16, et II. *R.* ix, 2. Ce dérivé masculin indique que le féminin a pu exister. On a intercalé avant le *tau* final, marque de ce genre, un *aleph, mater lectionis.* Notre groupe, d'après cette source, ne peut signifier ici que *choix, chose choisie, mise à part,* plus spécialement *lieu séparé,* expression qui convient à un tombeau particulier, comme dans la 8° *Tunisienne,* mais qui s'applique surtout au texte dont nous parlons en ce moment, car, vu la désignation collective des préfets et l'absence de nom propre, il peut s'agir de l'indication d'un lieu réservé pour la sépulture de ces chefs de la cité, indication analogue à celle rapportée par Boxhorn dans ses *Quæst. rom.,* comme il suit :

Locus
sepulturæ
cultorum
Herculis
defensoris
pollentis
invicti.

---

(1) M. Hase dit à ce sujet, *Journ. des sav.,* déc. 1837, pag. 708 : « Les inscriptions de Ghelma nous révèlent » une foule de particularités sur les institutions publiques et privées de cette ville, sur son administration inté-» rieure dirigée, à ce qu'il paraît, par un magistrat appelé *curator reipublicæ...* »

(2) Ce nom punique (את אסר, ou עשר, *allié à Osir, ami d'Osir,* comme nous verrons bientôt pour nom de femme אחתמלכת), ce nom, dis-je, prouve que la magistrature dont il s'agit était alors dans une famille indigène, ainsi que dans les cas indiqués par nos inscriptions.

L'endroit indiqué par M. Puel dans l'extrait de lettre que j'ai reproduit ci-dessus pouvait être l'emplacement de ce cimetière privilégié. Dans cette hypothèse, ושמם ne peut se rapporter à l'ordre ou à la prière d'un mort en particulier; il doit avoir l'acception liturgique que j'ai indiquée p. 17 comme seconde alternative de la signification de שמע, et, dans ce cas, il faut modifier dans le même sens tous les autres exemples d'application de la formule. Rien ne me paraît s'y opposer. שמע peut exprimer d'une autre manière la même idée que *Rite* en latin, c'est-à-dire faire allusion à une règle transmise verbalement, à des paroles sacramentelles. Si l'on préfère le premier sens, il faut traduire différemment la 14ᵉ Numidique et dire : *Impositionem lapidis legati in Malaca principes viri prout audierunt maledixerunt.* Il ne s'agirait alors que d'une sépulture particulière comme dans tous les autres cas, et comme les préfets auraient agi, non en qualité de parents, mais en qualité de magistrats, ils ne se seraient point nommés. Quoi qu'il en soit, comme la transcription que je donne de la seconde lettre de la dernière ligne et la signification du groupe dont elle fait partie sont des modifications de la première publication que j'en ai faite et que cette rectification est très-importante, je place ici sous les yeux des lecteurs le dessin de la ligne tel qu'il est résulté d'un examen plus attentif :

Dans la 9ᵉ *Numidique*, le membre de formule במלכה שר אהש est placé immédiatement après (א)שעב, et le nom propre, au lieu de le précéder, le suit, écrit lui-même entre ce membre de formule et שעמ(א)א את קאל(א). Cette transposition se concilie très-bien avec ma manière de traduire.

Sept noms propres animent en quelque sorte cette série d'inscriptions, savoir : בומעֿגא (12ᵉ), קיטמטזֿל (9ᵉ), ערשתן (inédite), בעליתן (11ᵉ), מילכעתן (11ᵉ et inédite), עבדעשר (13ᵉ).

Le premier est mis très-probablement pour בומענה, *En lui exaudition.* La mutation du *hé* en *aleph* n'est pas rare en hébreu; j'ai déjà dit qu'elle paraît expressément propre aux inscriptions de Ghelma.

Le second doit avoir dans עשר complément de עבד un nom de divinité; ce ne peut être qu'une variante orthographique de אסר, nom d'Osiris, sur la 1ʳᵉ *Maltaise* et d'autres monuments.

Le troisième et le quatrième se trouvent, comme je l'ai dit ci-dessus, sur des monuments déjà connus. *Balithon* signifie *Baal a donné, don de Baal.* Le troisième me paraît vouloir dire *Regnans leo* et répondre, pour la forme grammaticale, à קיטמטזֿל dont il va être parlé. Sur la 11ᵉ inscription, le dessin des lettres porterait à lire מילכעמן, ce qui signifierait *Regnans populus magnus*; je n'ai préféré la restitution que j'ai indiquée que par la raison de l'existence certaine de מילכעתן sur l'exemplaire inédit et de la possibilité que sur la 11ᵉ il y ait eu un *tau*, facile à rétablir, au lieu de la figure qui n'a plus que l'apparence du *mem*; mais ceci n'est qu'une supposition sans aucune importance, et מילכעמן, que je suis tout disposé à accorder, ne change rien au fond de l'interprétation.

Le cinquième nom propre est connu déjà aussi dans la linguistique phénicienne; il signe une médaille à légende latine de Carthage coloniale, et il était porté par le Tyrien que le grand Annibal, du fond de son exil, envoya comme explorateur à Carthage. Je n'en trouve pas d'explication bien plausible; peut-être doit-on y voir la racine ערש qui entre dans le nom hébreu יערשיוה.

Le sixième me paraît composé des thèmes קוט ou קטט, *Fastidire*, etc., et זול, *Profusio*; la forme קוטמט est analogue à celle-ci הילל dont Gesenius dit dans son *Lexic.* « Derivandum à rad. הלל, *splenduit, ut sit nomen participiale* conj. קיטל. »

7.

Inscriptions inédites d'Arsenaria.

On a découvert, il y a quelques années, à Vieil–Arzew, l'ancienne Arsenaria de la Mauritanie.
Césarienne, cinq stèles portant des inscriptions numidico–puniques au milieu de bas-reliefs d'un
travail grossier comme celui de tous les monuments analogues. Ces pierres ont été transportées au.
musée d'Alger. Il paraît que, sur deux seulement les légendes sont déchiffrables, et encore sur l'une.
elles ne le sont qu'en partie. J'ai reçu par la bienveillante intervention du ministère de la guerre
des empreintes en plâtre de ces deux stèles et j'en donne le dessin pl. 4 (1). La première présente.
la variante formulaire rapportée au n° 5 du tableau général ; l'ensemble se lit ainsi :

Votum hoc vovens Bóta filius Masguenis,   נעדר אש נעדר בעתא בן משגועז
domino Baali prout audivi.   לבעל בעל כשעמא

Indépendamment du point spécial de notre étude, savoir le rôle de l'*aleph* suffixe de כשעמא qui.
s'applique très–bien, comme on le voit, à l'expression de la 1ʳᵉ p. s. prét., cette épigraphe est remarquable par les deux autres membres de la formule, d'un côté נעדר אש נעדר, qui la rapproche de
plusieurs des inscriptions tunisiennes de M. Bourgade ; de l'autre, לבעל בעל, que nous retrouve-
rons bientôt sur un monument de Calama. Le nom propre *Masguen* se lit dans la *Johannide* de
Corippe, l. iv, v. 955. Quant à בעתא, il peut représenter l'hébreu בעתה, *in tempore*, et le mot.
latin *opportunus*.

La seconde stèle d'Arsenaria, écrite sur une seule bande, n'est malheureusement déchiffrable
qu'en partie, du moins sur le plâtre que je possède : voici ce qu'elle me paraît présenter : נדער
אשג..מחי..א אולא. La partie moyenne contient sans doute la désignation contingente de la personne pour qui le monument a été élevé ; l'intérêt se porte donc sur le commencement et particulièrement sur la fin. Ici, en effet, dans le dernier mot, nous voyons une expression nouvelle ; mais
la nouveauté peut n'être que dans la forme et la conformité du sens avec celui que j'assigne aux.
autres textes dont nous nous sommes jusqu'à présent occupés peut en offrir une décisive et curieuse
confirmation. Effectivement אולא me paraît être, relativement à אלל et à אלה, une forme égale à.
קולא par rapport à קלל et à קלה ; le sens tiré particulièrement de אלה me paraît être, *J'ai prononcé
l'imprécation* comme pour קולא. Gesenius, à la p. 59 de son *Lex.* a déjà, dans l'acception dont il.
s'agit, rapproché אלה de אלל, ילל, et j'ajouterai, pour mon compte, que אלל ne me paraît être
qu'une modification orthographique de קלל, par la permutation d'*aleph* et de *qoph*, permutation
dont nous trouvons l'analogue dans גבך, גבע, נבא, *Scaturivit, ebullivit;* nous retrouvons la parenté dans le sens d'*être léger, vain,* que possèdent également קלל et אלל. Je reconnais toutefois
que, dans l'impossibilité de lire toute l'inscription, on ne peut former qu'une conjecture ; ce n'est
donc expressément qu'à ce titre et sous bénéfice d'inventaire que je présente cette vue. Peut-être
acquerra-t-elle un peu plus de consistance par le rapprochement avec quatre autres épigraphes dont

---

(1) M. Alb. della Marmora a publié un dessin de la première de ces pierres, ainsi que d'une troisième, dans.
son mémoire *Supra alc. antichita sarde,* Turin, 1853, pag. 88.

je parlerai plus loin et dans lesquelles, à mon avis, on lit אלא et עלא que je crois aussi y signifier *imprecari*.

8.

Inscriptions jumelles de Numidie et de Malte (1re Num. de Ges. et 10e Tunis. de M. Bourg), 1re Malt. ; 32e, 33e, 34e, 35e *Tunisiennes.*

J'ai donné la transcription des jumelles Numid. et Malt. aux p. 9 et 20. J'ai proposé aussi à la p. 9 une traduction de la jumelle de Malte, à l'exclusion de la formule finale, et à la p. 12, j'ai signalé un caractère dont la détermination devait être différée. Le moment est venu de remplir ces lacunes.

Je traduis d'abord l'inscription jumelle de Numidie :

Domino Baali Hammani. Prout auditum, maledixerunt benedixerunt princeps Mactaritanorum Eter, *filius Asarmonis, filii Itstatonis, et Iserbal, filius Atsekelatis, filii Balsillecis, filii Icasaris.*

Examinons d'abord les noms propres.

Le premier, *Eter*, se trouve dans *Jos.* xv, 42, et xix, 7.

Le second, *Asarmón*, en supposant מען égal à חמן, comme il l'est en effet dans la 11e Tunis., correspond à *Asarel*, I. *Paral.*, iv, 16.

Le troisième, *Itstaton*, me paraît inexplicable.

Le quatrième, *Iserbal*, équivaut au nom si célèbre *Israël*.

Pour le nom suivant, אצקלעת, l'explication est douteuse ; je ne puis que le rapprocher de צקלין, *saccus, pera.*

Balsillec se lit sur l'une des inscriptions trilingues de *Leptis Magna* et, en latin, un peu altéré, sur une tessère contenant un pacte d'alliance de la ville africaine de *Themetra* signée ainsi : « *Egerunt Banno Himilis F., Sufes, Asdrubal, Baisiliecis F., Iddibal Bosiharis F., leg.* » *Baisiliecis* est évidemment le génitif corrompu ou mal copié de *Balsillec*, composé de בעל et de שלכ, *Jecit, projecit, conjecit.*

יכשר enfin est le futur ou l'optatif de כשר, *Rectus fuit.*

Reste à expliquer בעלא המכתערם.

On trouve בעל המכתערם sur trois autres inscriptions de la collection de M. Bourgade et dont les copies se trouvent aussi parmi celles que j'ai reçues de M. Rousseau, savoir :

35e *Tunisienne.*

יעצכתען בן צעלדיא בעל המכתערם
הנכת קברת תחת ארן צת עבנת
וית ששם שת ושלש תם בחים

32e *Tunisienne.*

טנא אבן ש לאחתפילכת בת בדמלק
רת אשת יעצכתען בן צעלדיא בעל
המכתערם וחוא שגת ששם וחמש
הנכת עבנת תחת ארן צת קברת

33ᵉ *Tunisienne*.

מנא הבן ש לילח בת עבד

חמן אשת גמלא בן צעלד

יא בעל המכתערם עוע שנת צ

שרם וחמש הנכת עבנת תעת ה

בנת צת קברת

Mes transcriptions résultent de l'appréciation comparative des dessins de M. Rousseau et de ceux de M. Bourgade avant que cet auteur eût publié sa 2ᵉ éd. ; elles différaient alors assez sensiblement de celles du savant chapelain : elles sontaujourd'hui presque identiques. Mes traductions restent aussi les mêmes. M. Bourgade a très-heureusement modifié les siennes, et les explications se trouvent ainsi beaucoup moins divergentes ; je me félicite d'être ainsi dégagé d'une critique pénible.

La 35ᵉ épigraphe, qui est bilingue, offre d'abord dans la partie latine les noms propres IASVCTA·SELIDIV·F. Nous découvrons facilement ces noms dans les trois premiers groupes du texte punique en ajoutant au premier le N final si fréquent dans les anciens noms numides. M. Bourgade a reconnu aussi ces deux noms. M. Bargès n'a point vu l'identité du premier dans le texte punique et dans le texte latin. D'un autre côté, la lecture du second nom punique ne l'a point porté à la facile restitution du nom latin, nonobstant la faute de copie qui a mis dans la 1ʳᵉ éd. de M. Bourgade et maintient dans la seconde F au lieu de E, faute qui n'existe pas sur le dessin que j'ai reçu de M. Rousseau.

Dans la même inscription, בעל המכתערם est suivi immédiatement d'une série de lettres dont on retrouve la plupart des éléments sur la 32ᵉ et la 33ᵉ ; mais, dans les deux dernières, cette série ne suit pas immédiatement ; les deux parties sont séparées par une formule que l'on connaît bien maintenant, depuis que j'en ai donné la clef dans le *Journ. asiat.*, 4ᵉ sér., janv. 1845, p. 57, alors qu'on n'en possédait que deux exemples, jusqu'alors méconnus, ceux des 6ᵉ et 7ᵉ *Numidiques* de Gesenius, savoir la formule relative à l'âge de la personne morte. De même, la seconde série de lettres paraît dans une autre inscription, la 34ᵉ de M. Bourgade, où l'on ne lit point בעל המכתערם ; elle vient aussi à la fin du texte, après la formule d'âge. Voici la transcription de cette épigraphe :

מנא אבן ש לאחתמילכת

בת ימלך בעל למכדע עשת צעלדיא

בן יעצכתען הוע שנת שלש

ם הנכת צואין תחת

ארן צת עבנת

בעל המכתערם forme donc bien une partie spéciale, devant avoir un sens propre. L'autre suite de lettres, qui se répète sur quatre monuments et qui, sur trois d'entre eux, clôt l'inscription, doit être aussi une formule particulière. Il est indispensable de l'étudier d'abord. Elle présente quelques variantes, savoir :

הנכת	עבנת	תחת	ארן	צת	קברת	32ᵉ
הנכת	צואין	תחת	ארן	צת	עבנת	34ᵉ
הנכת	קברת	תחת	ארן	צת	עבנת	35ᵉ
הנכת	עבנת	תעת	הבנת	צת	קברת	33ᵉ

Dans le premier exemple, trois mots sont connus et ils ont une signification qui s'applique parfaitement à l'objet du monument, תחת ערן...קברת, c'est-à-dire *dans l'arche de... sépulcre.* ערן

est pour ארון employé *Gen.* L, 26, avec le sens *arca feralis*. צת, qu'on voit remplacer évidemment ש sigle de אשר sur la 27ᵉ *Tunis.* ajoutée à la nouv. éd. de M. Bourgade (1), ne peut s'entendre que pour זת ou זאת pron. démonstr. *ce*, *cette*. On trouve dans J. Faës, in *Not. ad Gyrald.* p. m. 170, une épitaphe juive commençant ainsi : האבן הצאת.

Dans le troisième exemple, au lieu de קברת à la fin de la phrase, les copies portent עבן; mais, comme l'exemple précédent offre, à la même place, עבנת, que le premier et le dernier exemple ont le même mot pour second groupe, et vu qu'à la fin de la 33ᵉ inscription, sur la copie de M. Rousseau, il y a évidemment place pour un *tau*, l'analogie me porte à voir aussi עבנת dans cette dernière épigraphe. Ce mot doit donc être, ou à peu près, synonyme de קברת, puisqu'il le remplace dans le second et le troisième exemples. Ce ne peut être que le pluriel de עבן, fréquemment employé dans les inscriptions numidico-puniques pour אבן, *pierre*, *construction*, savoir, *construction sépulcrale*, et le rapport avec קברת est ainsi manifeste. A la vérité, sur les mêmes monuments, il y a, à la première ligne, 32ᵉ et 34ᵉ inscriptions, אבן, 32ᵉ הבן. Cette différence d'orthographe sur un même monument est-elle admissible? Je ne crois pas qu'il soit possible d'éluder la difficulté par aucune interprétation. Celles que MM. Bourgade et Bargès ont proposées reviennent toujours à עבן pour אבן, par conséquent à la même disparate. D'ailleurs celle de M. Bourgade en particulier est emportée dans l'invraisemblance de l'explication générale de la phrase, même dans la 2ᵉ éd. Je pense que la solution consiste dans la considération qu'il s'agit d'une formule usuelle, consacrée, que les graveurs transcrivaient machinalement aussi bien en ce qui concernait l'orthographe des mots que les mots eux-mêmes, quelques variations que cette orthographe eût d'ailleurs subies dans le langage courant. C'est ainsi que sur nos épitaphes nous lisons quelquefois encore *Ci-gist*. Si l'on ne veut voir à la fin de la ligne de la 33ᵉ inscription que עבן, l'explication subsiste, puisque ce serait le singulier du même mot, partant le même sens et les mêmes conditions.

Si cette explication est juste, il faut qu'elle s'accommode à la construction du premier exemple. Arrivé à ce point, on doit rechercher préalablement la signification du premier groupe. D'après ce que nous savons déjà, nous pouvons présumer que c'est un verbe emportant l'idée de *placer*, *déposer*, comme dans le passage analogue de la Genèse qui a été cité un peu plus haut : וישם בארון. On trouve ce sens en considérant הנבת comme un hophal pour הנחת, *Descendere factus* ou *facta est*, *Depositus* ou *Deposita est*, de même que, sur de célèbres médailles de Sidon, on trouve אכת, pour אחת, *sœur*. La phrase entière est donc, si je ne me trompe, pour le premier exemple, c'est-à-dire pour la 32ᵉ inscription : *Deposita est œdificium in arca hujus sepulcri*, et la locution correspond à celle des Latins *Hic sita est* ou quelqu'une de ses variantes. Le complément du verbe est à l'accusatif, comme cela a lieu en hébreu pour l'équivalent יורד; exemple, ירדי קבר; *Descendentes sepulcrum*, *Prov.* I, 12.

Maintenant il faut que dans le second et le troisième exemples où עבנת a été transporté du second rang à la fin de la phrase en remplacement de קברת, il soit lui-même représenté par des termes équivalents. Au second exemple nous trouvons צואין, et, en nous rappelant que l'*aleph* peut être inséré comme *mater lectionis*, ce dont nous avons eu des preuves plus haut, nous pouvons reconnaître l'hébreu ציון dont l'une des acceptions est *sepulcrum*, *tumulus*.

Dans la 35ᵉ inscription, d'où est tiré le troisième exemple, le second groupe est dessiné sur les deux copies de manière à ne pas fournir directement de leçon intelligible. Cependant en considérant

---

(1) J'adopte, pour cette nouvelle et intéressante inscription, la version de M. Bourgade, fondée d'ailleurs sur les interprétations antérieures des monuments de la même famille, si ce n'est qu'à la fin, au lieu de בל שמנעם, *Filius Olei*, je vois בל שם נעם (probablement בעל), possesseur *d'un bon renom.* שם טוב est un nom célèbre de rabbin; or nous voyons, par le parallélisme des 4ᵉ et 15ᵉ versets du *ps.* XXVII, que l'une des épithètes équivaut à l'autre. Mais ce rapprochement ne serait même pas nécessaire. M. Ewald, avec qui je ne saurais trop me féliciter de me rencontrer, lit de même, p. 18 du mém. précité.

que ce groupe tient la place de עבנת, lequel est lui-même rejeté à la fin de la phrase à la place de קברת, que ce second groupe commence par *qóph*, qu'avec les trois figures qui suivent immédiatement ce *qóph* sur la copie de M. Bourgade on peut, sans exagérer l'analogie, restituer ברת de manière à former קברת, je suis convaincu qu'il y a eu transposition, échange des deux mots de manière à maintenir au fond le parallélisme; il suffit de rétablir le groupe ainsi : ﬡﭏﭏﭏ au lieu de ﭏﭏﭏﭏ

La correction roule surtout sur la suppression du trait inférieur du second signe, trait qui donne à ce signe l'apparence d'un *iod*. Il y a sur les copies d'autres inscriptions des exemples évidents de pareilles additions de traits parasites, et avec la suppression que je propose la figure prend d'une manière saisissante la physionomie du *beth*, particulièrement de celui qui commence בעל à la première ligne. Je le répète, le parallélisme, ce guide presque toujours infaillible, invite naturellement à cette restitution, et nous verrons bientôt de quelle manière incontestablement erronée M. Bargès a dû rompre avec ce parallélisme pour s'être laissé aller à l'apparence matérielle du dessin.

Enfin dans le dernier exemple on voit que תעת remplace תחת et que הבנת est mis au lieu de ארן. Ici encore il doit y avoir équivalence. בנת précédé de l'article pouvant être rapporté à l'hébreu בניה, *édifice*, il n'est pas difficile de saisir avec ארן un rapport qui explique la substitution. Quant à תעת, je ne crois pas téméraire de le regarder comme représentant תחת, auquel il est corrélatif par sa position dans la contexture de la phrase, par la mutation du *chet* en *aïn*, de même que dans עמן pour חמן, épithète de Baal dans les 8ᵉ et 9ᵉ *Tunisiennes* (voir plus haut, 43), de même encore que, dans la série aujourd'hui si nombreuse des *Numidiques*, y compris les *Tunisiennes*, עיע, *vixit*, =חיע et עוה, חוא=עיא (voy. entre autres, ci-dessus, p. 76, 33ᵉ et 32ᵉ *Tunisiennes*). M. Bourgade paraît avoir partagé cette opinion.

D'après cette analyse, voici, à mon avis, sauf le passage toujours en suspens בעל המכתערם et un passage correspondant de la 34ᵉ, comment doivent être rendues les 32ᵉ, 33ᵉ et 34ᵉ *Tunisiennes* :

32ᵉ.

*Impositio lapidis illius Achotmilcatæ, filiæ Bodmelqartis, uxori Jasuctæ, filii Selidiu.......
.... quum vixisset annos sexaginta et quinque. Deposita est in œdes sub structuram hujus sepulcri.*

33ᵉ.

Impositio lapidis illius Ilachæ filiæ Abd-Hammonis, uxori Gamalii, filii Selidiu...... Vixit annos viginti et quinque. Deposita est in œdes sub structuram hujus sepulcri.

34ᵉ.

Impositio lapidis illius Achotmilcatæ filiæ Imilconis........ uxori Selidiu, filii Jasuctæ. Vixit annos triginta. Deposita est in tumulum sub arcam harum œdium.

Les deux premières lignes de la 35ᵉ *Tunisienne* se rendent corrélativement ainsi :

Jasuctan filius Selidiu.......... Depositus est in sepulcrum sub arcam harum œdium.

La troisième ligne doit, par conséquent, correspondre à la seconde ligne du texte latin : VIXIT XIII. HONESTE. Nous voyons immédiatement la possibilité de faire, d'une part, avec les 4ᵉ, 5ᵉ, 6ᵉ lettres, d'une autre part, avec les 9ᵉ, 10ᵉ, 11ᵉ et 12ᵉ, deux groupes valant ושלש.. שש, *soixante et trois*, ce qui convient parfaitement aux chiffres latins de la copie de M. Rousseau, car il est évident qu'il faut restituer LXIII. Le groupe שת placé entre les deux noms de nombre est connu

·comme signifiant *année*, pour שנת, sur une assez grande variété de médailles de Phénicie. Il est naturel de lui donner ici le même sens. Le singulier après ששם est conforme à la syntaxe hébraïque. Après l'énonciation de l'âge, on lit sans difficulté תם בחיים, *integer in vitâ*, qui rend avec une frappante exactitude *vixit........ honeste*. Il ne reste à expliquer que le premier groupe וית. Il est composé du préfixe ו équivalent, comme dans un grand nombre d'exemples de la même famille d'inscriptions, à כ, en latin *quum*; ית est pour את, *per*, comme en chaldéen ית pour את note de l'accusatif. Le sens de la phrase entière est donc : *Quum per sexaginta annos et tres integer in vita*. Le verbe est sous-entendu, ou mieux on peut le comprendre dans תם et dire : *Quum per sexaginta annos et tres integer fuisset in vita*. ששם ית שת répond à את שבעת הימים, *per septem dies* de l'*Exode*, XIII, 7. Il y a donc concordance parfaite entre les deux textes de cette inscription biblique; seulement la partie latine, c'est-à-dire étrangère, est plus courte que la partie punique ou indigène, et c'est ce qui a ordinairement lieu dans les cas analogues, en particulier dans la 1ʳᵉ *Maltaise*.

Ainsi בעל המכתערם des trois autres textes est réellement spécial (1); c'est le complément de l'un des noms propres masculins qui précèdent. On peut voir dans בעל le nom *citoyen* et dans מכתערם le nom d'une ville au pluriel, ou dans le premier mot le titre *prince* et dans le second celui d'une peuplade. Ville ou peuplade, מכתערם, a pour thème מכתער. Or il y avait dans cette région une ville du nom de *Mactaris*. Les actes du concile sur le second baptême qui eut lieu à Carthage sous saint Cyprien indiquent un *Marcus* A MACTARI; saint Augustin, *contra Donat.* VII, 2, mentionne cette ville de *Mactaris*; la liste des évêques catholiques appelés à Carthage l'an 6 d'Hunéric cite un *Adelfius* MACTARITANUS parmi ceux de la Byzacène. Ce sont peut-être les habitants de cette ville que Corippe, *Johann.* III, v. 408, appelle *Mastruciani*; dans ce cas, Procope les rangerait dans la Numidie. La ville dont il s'agit devait être celle dont il reste aujourd'hui encore des ruines qui conservent le nom de *Makter* et au milieu desquelles Falbe a découvert la *dixième Numidique*, ainsi qu'une inscription libyque; M. Pellissier, *Explor. scientif. de l'Algérie*, t. XVI, p. 194, les décrit ainsi : « Sur un des plateaux de l'Hamada des Oulad-Agar situé à l'est d'Henchir-Hamada, on voit les vastes et belles ruines de *Makter*, dans les environs desquelles on trouve, sur plusieurs points, d'autres ruines considérables. Ce canton est, sous le rapport archéologique, un des plus intéressants de la régence de Tunis. » Comme le nom, sur nos monuments, est au pluriel; que les inscriptions se distinguent par un développement insolite et par une formule qui leur est propre; que le titre reste dans une seule famille, je pense, ainsi que je l'ai indiqué déjà dans la traduction anticipée de l'inscription jumelle de Numidie, p. 75, qu'il doit se rendre par *prince des Mactaritains*, comme on lit *Aurelii Canarthœ principis gentium Baquatium* dans une inscription d'Afrique reproduite par Orelli.

Mais dans l'inscription jumelle, il y a בעלא המכתערם; cet exemple est unique, et il est remarquable que le monument qui le fournit concerne exceptionnellement aussi deux personnages, sujets du contexte. On est porté, au premier abord, à voir une corrélation dans cette coïncidence. Aussi M. de Saulcy, alors qu'on ne connaissait que la 1ʳᵉ *Numidique*, avait-il lu בעלא המכתעבם et traduit : « *Ont ordonné tous deux ces écritures...* » Il pensait que בעלא pouvait être assimilé au duel arabe. Cette idée était assurément très-ingénieuse. Cependant, même dans la condition où l'on se trouvait alors, on pouvait répugner à prêter au verbe בעל, *dominer, être maître de...*, *posséder*, la force factitive *ordonner, prescrire*. Au surplus, les nouvelles acquisitions prouvent qu'on ne peut lire מכתעבם, partant qu'il ne s'agit point d'écrit, de l'inscription. Faut-il donc voir « *principes ambo Mactaritanorum ?* » Mais la peuplade dont il s'agit me semble avoir été trop faible pour comporter

---

(1) M. Ewald a reconnu partout cette circonstance; il fait de בעל ou בעלא le substantif valant *habitant*, *citoyen*, comme M. Bargès pour la 34ᵉ Tunisienne, et du groupe immédiatement subséquent le nom d'une ville. Mon opinion était arrêtée avant de connaître l'intéressant travail du savant professeur de Gottingue.

deux chefs à la fois. D'ailleurs les verbes ne devraient-ils pas aussi, dans ce cas, avoir une marque de duel? Enfin, il n'y a aucune apparence de duel dans la première Maltaise ; au contraire, שן בן s'y trouvent au singulier. Quoi qu'il en soit, cette difficulté spéciale ne peut prévaloir contre la force des autres exemples; quel que soit le rôle de l'*aleph*, le sens doit être aussi *prince des Mactaritains.* Il me paraît probable que la terminaison en *aleph* est une forme chaldaïque dont on trouve d'autres exemples dans les textes numidico-puniques (1). Je n'ose proposer *princeps ego...*

A la place où, dans la série que nous venons d'étudier, se lit בעל הםכתערם, et dans des conditions tout à fait semblables, la 34ᵉ *Tunisienne* porte בעל למכדע. Il n'y a d'espace ni pour un *hé* au lieu du *lamed* en tête du second groupe, ni pour les lettres finales רם, en vue de restituer le même nom de peuplade; la leçon doit donc rester telle que je viens de la présenter. Si l'interprétation précédente est juste, ici aussi בעל doit signifier *chef, prince*, et le groupe suivant être l'appellation, non plus d'une peuplade, puisqu'il n'est plus au pluriel, mais d'une cité, *Micadá.* Ce peut être en effet la capitale des *Micatani* mentionnés par Diodore de Sicile comme appartenant à cette contrée sans désignation précise de localité. Elle ne devait pas être éloignée de *Mactaris*, puisqu'il y avait alliance entre les deux familles princières.

On doit noter, d'une part, qu'il y a un *lamed*, particule marquant le génitif, au lieu du *hé* article devant le second groupe, complément de בעל; d'une autre part, que l'inscription offre aussi le développement et la formule spéciale des monuments des chefs de *Mactaris*, ce qui concourt à donner à ces épitaphes un commun caractère de distinction en rapport avec la commune mention du titre בעל.

En définitive donc, voici les traductions complètes de nos quatre inscriptions.

35ᵉ.

Jasuctan, filius Selidiu, princeps Mactaritanorum. Depositus est in sepulcrum sub arcam harum œdium, quum per sexaginta annos et tres fuisset integer in vitâ.

32ᵉ.

Impositio lapidis illius Achotmilcatœ, filiœ Bodmelqartis, uxori Jasuctœ, filii Selidiu, principis Mactaritanorum, quum vixisset annos sexaginta et quinque. Deposita est in œdes sub arcam hujus sepulcri.

33ᵉ.

Impositio lapidis illius Ilachœ filiœ Abd-Hammonis, uxori Gamalii, filii Selidiu, principis Mactaritanorum. Vixit annos viginti et quinque. Deposita est in œdes sub structuram hujus sepulcri.

34ᵉ.

Impositio lapidis illius Achotmilcatœ filiœ Jmilci, principis Micadœ, uxori Selidiu, filii Jasuctœ. Vixit annos triginta. Deposita est in tumulum sub arcam harum œdium.

Les noms propres comportent les explications suivantes :

1º יעצכתען, *Jasucta* (32ᵉ, 34ᵉ, 35ᵉ). — Peut se rendre par *Consuluit tegens, consilio texit* ou *te-*

---

(1) Ainsi, dans le т. xɪv du *Numism. Chronicle*, pag. 142-143, M. Akerman a décrit une curieuse médaille de Numidie qui a pour légende מקמא, c'est-à-dire מקם, *lieu, station*, suivi de l'*aleph* emphatique.

_yet. — M. Bourgade lit de même, sauf la 3ᵉ lettre qu'il rend par *schin* dans la 32ᵉ et la 35ᵉ. Il est possible qu'il en soit ainsi, et, comme il s'agit évidemment d'un nom propre, cela ne tire pas à conséquence. Cependant l'examen comparatif de toutes les circonstances me fait préférer le *tsadé*. Nous avons vu comment M. Bargès s'est trompé pour la 35ᵉ. Pour les deux autres cas, il transcrit comme M. Bourgade.

2° צעלדיא, *Selidiu* (32ᵉ, 33ᵉ, 34ᵉ, 35ᵉ). — Peut être mis ou pour צל דיה, *Umbra obscura*, ou pour צל די, *Protectio copiosa, sufficiens*. — Ce nom se retrouve sur la 16ᵉ *Numidique* de ma nomenclature, *Et. dém.* pl. 17, et sur les 12ᵉ et 18ᵉ *Tunisiennes* de M. Bourgade. Mes deux prédécesseurs, sauf encore le *schin* pour le *tsadé*, le lisent exactement, l'un sur la 35ᵉ, l'autre sur la 33ᵉ. Sur la 12ᵉ, M. Bourgade n'a vu que צלדיא, et en effet il n'y a point d'*aïn* sur son dessin ; mais l'analogie est assez marquée pour qu'on le restitue sans hésitation. M. Bargès s'écarte bien plus encore de la probabilité en lisant כלדיא. Sur la 18ᵉ, il me paraît de toute vraisemblance qu'on retrouve la filiation de la 33ᵉ גמלא בן צעלדיא avec les modifications orthographiques גאמלא בן צהלדיא qui ne me semblent pas mettre obstacle à l'identification des personnages. M. Bargès, qui a bien lu le premier nom, met un *schin* en tête du second ; ce serait contraire aux inductions fournies par le même monument, car le *schin* y est formé différemment en deux autres endroits. En tout état de choses, pourquoi fait-il un *caph* d'une figure tout à fait semblable en tête d'un nom analogue sur la 12ᵉ *Tunisienne?* On surprend trop souvent le défaut de rapprochements. L'analogie aurait aussi dû porter M. Bourgade à restituer le *iod* sur la 33ᵉ inscription. Mais là où ce guide si rarement trompeur a complétement manqué aux deux auteurs, c'est sur les 32ᵉ et 34ᵉ, où l'un et l'autre lisaient d'abord תבלדיא et שעלככע, lecture qui n'a été rectifiée par M. Bourgade qu'à l'égard de l'initiale qu'il a vu depuis être dans les deux cas un *tsadé*, ainsi que l'indiquaient nettement les dessins de M. Rousseau. Cet exemple frappant prouve que je n'ai pas été téméraire en proposant, avec le ferme appui du parallélisme, la rectification de quelques lettres moins altérées sur d'autres dessins de M. Bourgade dont je n'ai pas de spécimen correspondant parmi les copies de M. Rousseau.

3° אתמילכח, *Achotmilcata* ou *Achotmilca* (32ᵉ, 34ᵉ). — M. Bourgade n'a bien lu ce nom que sur la 34ᵉ; sur l'autre épigraphe, quoique les traces du *chet* soient bien visibles, il a trouvé אשתמילכת. — Ce nom signifie *sœur de la reine*, c'est-à-dire *de la reine par excellence, de la reine céleste*; אחת, au propre *sœur* pour l'hébreu אחות, est ici pour *amie*. Le nom répond au masculin hébreu אחימלך et moins directement à אחיה. On ne comprend guère que M. Bargès ait pu dire אחת מילכת, *cuidam reginæ*.

4° בדמלקרת, *Bodmelqart* (32ᵉ), est trop connu pour qu'on s'y arrête; il a été lu par MM. Bourgade et Bargès.

5° לילח, *Lilah* (33ᵉ). Je lis ces mots, comme mes prédécesseurs, pour לילה, *nox*, bien que je ne sois pas convaincu de l'existence réelle du premier *lamed*.

6° עבדחמן, *Abdhammon* (33ᵉ). — La quatrième lettre manque ; le choix est donc permis pour la restitution, mais il faut que le mot ait rapport à une divinité, et l'épithète ordinaire de Baal, proposée par M. Bargès, adoptée par M. Bourgade dans sa 2ᵉ éd., me paraît très-convenable. Il n'y a point de place pour אשמן ou עשמך.

7° גסלא, *Gamalius* (33ᵉ). — Nous avons vu une variante orthographique de ce nom au n° 2. M. Bargès a bien lu ce nom qui me paraît l'équivalent de l'hébreu גמלי, *Nombr.* XIII, 12. On trouve *Gamalius* parmi les membres du concile d'évêques donatistes tenu à *Bagai*, ville de Numidie, en 394; *Gemelius* parmi les signataires de la lettre du concile de *Cabarsussi*, ville de la Byzacène, en 393, et sur une inscription latine de Lambèse récemment publiée par M. Renier, t. I, n° 93.

8° ימלך, *Imilco* (34ᵉ). — Ce nom, transcrit de même par MM. Bourgade et Bargès, se lit I. *Paral.* IV, 34. C'est IMIAX que l'on trouve dans une inscription grecque sur une tessère d'hospitalité découverte à Palerme en 1749, *Imilco* sur une inscription latine du musée de Cor-tone (1).

M. Bourgade, quant à la simple détermination des lettres, a vu exactement בעלאהמכתערמ sur la 1ʳᵉ *Numidique* et la 10ᵉ *Tunisienne* (double expédition de l'inscription jumelle de Numidie), ainsi que בעלהמכתערמ sur la 32ᵉ et la 33ᵉ de sa collection. Il s'était complétement trompé d'abord pour la 35ᵉ; mais, dans la seconde édition, il est revenu à la véritable transcription. Quant au sens, il s'est égaré pour tous les cas, nonobstant l'explication différente qu'il a récemment donnée. Cette expli-cation (*Herus* ou *conditor percussionis acervi*) me paraît si peu vraisemblable, que je ne crois pas nécessaire d'insister sur sa réfutation; je ferai seulement observer que, si l'on peut dire *frapper* pour l'action de marquer des empreintes sur une médaille, action qui consistait le plus souvent en effet dans une percussion, cela ne peut nullement s'étendre à la *gravure* d'une inscription lapidaire.

Je ne m'attacherai pas davantage à la leçon de M. Bargès. Pour la 35ᵉ inscription, ce savant au-teur a été trompé par le dessin défectueux sur lequel il devait se guider; cela lui a donné une trans-cription inexacte et partant une fausse interprétation. Sur les 10ᵉ, 32ᵉ et 33ᵉ *Tunisiennes* l'habile professeur a bien vu, ce qui avait d'abord échappé à M. Bourgade, que l'identité de la série de let-tres exige homogénéité d'interprétation. Mais il s'est trompé sur la valeur de la seconde antépénul-tième, lettre dont il fait un *nun* au lieu d'un *tau* qu'indiquent nettement plusieurs copies; il met dans la 10ᵉ בעלא המכן ערם et dans les deux autres בעל המכן ערם, *Incolarum hujus loci excelsi* et *Incolæ* (génit. sing.) *hujus loci excelsi*. בעלא serait pour בעלי. Mais cette substitution d'un *aleph* à un *iod* dans la condition grammaticale dont il s'agit ne s'appuie sur aucun fondement. ערם serait pour הרם, c'est-à-dire que l'article ה permuterait avec *aïn*. Sans doute, on rencontre souvent, dans les textes de cette contrée, l'*aïn* substitué à quelque autre aspirée, mais jamais dans le cas important de l'article, et il faudrait, selon moi, une preuve évidente pour qu'on pût l'admettre. Au surplus, le vague de la locution *Incola hujus loci excelsi* me paraît suffire pour la rendre peu vraisemblable.

Quant au passage correspondant de la 34ᵉ *Tunisienne*, il a été exactement transcrit par les deux auteurs, si ce n'est qu'ils ont omis l'*aïn* de בעל qui n'est point marqué dans le dessin de M. Bour-gade, mais qui paraît sur la copie de M. Rousseau. M. Bourgade, dans sa 2ᵉ éd., rend le passage

---

(1) Nous avons vu que la plupart de ces noms appartenaient à une même famille; voici les rapports de filia-tion et d'alliance. J'avais fait ce tableau avant la publication de la nouvelle édition de M. Bourgade qui en con-tient un analogue :

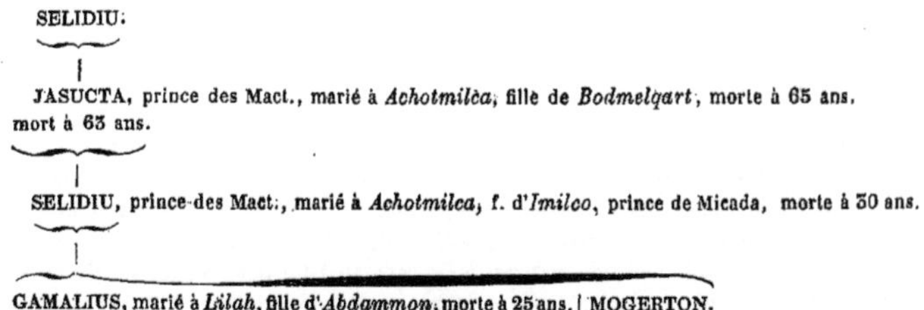

Comme les deux derniers personnages n'ont que des épitaphes très-simples, la 12ᵉ et la 28ᵉ Tunisiennes, je pense qu'ils n'ont pas exercé l'autorité. Ils peuvent donc avoir été frères de *Jasucta*; mais l'altération ortho-graphique des noms sur l'épitaphe de *Gamalius* me porte à le regarder plutôt comme ayant appartenu à une plus basse époque et étant fils du second *Selidiu*. C'est peut-être à cette époque que l'autorité est passée dans la famille différente indiquée dans l'inscription jumelle.

par ces mots : *conditoris adimplendis adimpletis,* version qui ne paraîtra sans doute pas plus admissible que celle de la phrase corrélative des trois inscriptions analogues, malgré l'explication indiquée par des mots placés entre parenthèses de cette manière : *Conditoris* (monumenti) *adimplendis* (conditionibus) *adimpletis.* M. Bargès donne une traduction dont la mienne approche beaucoup, בל למכדע, *Civis Lamcadæ.* J'ai exposé plus haut les motifs qui me font préférer le titre de *chef* à celui de *citoyen.* On ne connaît d'ailleurs aucune ville de ce nom ; mais j'avoue que cette dernière objection ne me paraîtrait pas absolue.

En ce qui concerne la dernière formule, pour les 32e, 33e, 34e inscriptions, M. Bourgade a transcrit et coupé la série de lettres à peu près comme je le fais ; les différences consistent en ce que 1°, à l'avant-dernier groupe, il met, sur les 34e et 35e, un *schin,* sur la 34e un *zaïn,* au lieu d'un *tsadé,* שת et (ת)ז au lieu de צת. 2° Au groupe précédent, sur la 32e et la 34e, il lit אבן au lieu de ארן qui me paraît incontestable d'après la figure bien caractérisée de la seconde lettre sur les dessins de M. Rousseau. 3° Il fait des quatre premières lettres deux mots, הן בת au lieu du mot unique הנבת. Il traduit, dans sa 2e éd., de cette manière :

<pre>
32e ⎫ En percussus lapis   ⎫
33e ⎬   ⎬ sub lapide hujus sepulcri.
34e— ⎭ En percussum signum   ⎭
</pre>

M. Bargès transcrit et traduit :

32e.

הנכן עבנת תחת אבן שת קברת

Dedicavimus loculum lapideum sub lapidibus hujus sepulcri.

33e.

הנכן עבנת תעת הבנן שת קברת

Même traduction.

34e.

הנכן צואין תחת אבן ז מבנת

Dedicavimus jussi sub lapidibus istis loculum lapideum.

Même observation que précédemment au sujet de אבן au lieu de ארן. Mais je ne m'attache qu'au mot capital, celui qui commence la phrase et en détermine le sens. M. Bargès pense que le thème est הנך pour l'hébreu חנך. Ainsi il convient de faire d'abord remarquer que l'un et l'autre de mes prédécesseurs est obligé, comme moi, d'admettre dans ce mot la mutation d'une lettre. En principe, l'emploi du *nun* suffixe comme adformante de la 1re pers. plur. du prétérit, que suppose ici M. Bargès, serait conforme à ce qui a été constaté pour le phénicien en d'autres cas. Mais le même auteur a déjà assigné à ce suffixe, dans la 6e *Tunisienne,* voy. p. 53, le rôle d'adformante de la 3e pers. plur. du même temps ; dans la 34e *Tunisienne,* à la fin de צואין, il en fait le signe du pluriel dans ce qu'il suppose un adjectif verbal : il y a donc défaut d'homogénéité ; les explications varient suivant les besoins du moment. Au surplus, en fait, ce n'est pas un *nun* qui existe sur les monuments, c'est un *tau,* et dès lors l'interprétation tombe forcément. J'ajouterai cependant par surabondance qu'il n'existe aucun exemple avéré de l'usage du *nun* suffixe comme expression du pluriel des noms masculins, ainsi que M. Bargès le suppose pour צראין; tous les exemples consistent dans l'emploi du *mem*.

Dans la 35ᵉ inscription, au passage correspondant, M. Bargès lit : ...הנך תקיף בן חתא בן שתע בן, *Dedicavit Thakifus, filius Hittæi, filii Sittæ, filii...* Ainsi le parallélisme n'a pas été saisi.

Il me paraît donc bien constant que celles des interprétations de mes deux devanciers que j'ai jusqu'à présent examinées sont, en grande partie, inadmissibles. Pour achever la démonstration de l'un des points les plus importants sur lesquels j'ai le regret de différer avec eux, il me reste toujours à résoudre une difficulté relative à l'inscription jumelle de Malte, difficulté que j'ai rappelée au commencement de cet article, c'est à savoir comment il faut déterminer et expliquer la lettre qui précède le dernier mot ברכם et qui est évidemment un préfixe de ce mot.

J'ai dit, à la p. 10, qu'elle ressemble à un *iod*. J'ai, en même temps, indiqué comment, en la prenant pour telle, mais en se bornant à un nombre restreint des inscriptions analogues, les partisans de l'opinion de Bayer présentent une solution en apparence naturelle et plausible : *Afin que, après avoir entendu leur prière, il les bénisse!* M. Bargès se rattache à cette opinion, mais avec des nuances qui ne permettent pas de comprendre comment, en restant conséquent, il rendrait la variante dont il s'agit ; probablement il adopterait la version que je viens de reproduire ; mais ce serait une divergence de son système général. Quant à M. Bourgade, il s'est abstenu de traduire cette épigraphe, et cela prouve pertinemment qu'il s'est trouvé dans l'impossibilité de donner une explication qui cadrât avec sa manière de voir sur les autres variantes de la formule. Il dit cependant, à la p. 4 de son mémoire, que les deux mots terminés par *mem* sont des participes (1) ; mais que fait-il de la figure qui précède ברכם? Le participe implique qu'il n'en fait pas un *iod*. Là est le nœud de la question, et, je le répète, le silence de cet auteur sur ce point unique est un indice de son impuissance. Au surplus, je crois avoir suffisamment prouvé par tous les détails précédents, qu'indépendamment de ce qui concerne cette inscription, les modes d'interprétation de MM. Bourgade et Bargès prêtent à de trop sérieuses objections pour être acceptés. Mon but, au point où je suis arrivé, est, d'un côté, de réfuter un troisième auteur, partisan absolu de l'opinion de Bayer, dont l'explication mérite un examen à part; d'un autre côté, de faire entrer l'interprétation de l'inscription de Malte dans le système que j'ai appliqué à toutes les autres épigraphes analogues.

Je crois pouvoir poser les prémisses suivantes :

1° Il y a solidarité entre toutes les inscriptions portant les éléments principaux de la formule en question.

On est, je pense, unanime en principe sur ce point ; chacun s'est efforcé de comprendre les cas analogues dans une commune explication : seulement, en fait, on n'a jamais embrassé l'ensemble complet, et c'est sur les exemples laissés en dehors que je vais m'appuyer.

2° Il doit y avoir un rapport grammatical entre le *mem* suffixe de la formule dans toutes les inscriptions qui ont pour sujet plusieurs personnes, et l'*aleph* suffixe constamment attaché aux mêmes mots dans les épigraphes dont le sujet est unique.

M. de Saulcy, le savant et sagace auteur auquel je viens de faire allusion, a nettement reconnu ce second point en 1846, *Nouv. Ann. de l'Institut archéol.*, t. xvii, p. 68-97, et *Rev. archéol.* 15 décembre, 574, ainsi que je l'avais énoncé en 1842, *Essai*, etc., et, comme il fait, dans le premier cas, du *mem* le pron. de la 3ᵉ pers. plur. masc. en régime, il fait, dans le second cas, de l'*aleph* le pron. de la 1ʳᵉ pers. sing. pareillement en régime. Il traduit, par conséquent, le passage correspondant des Numidiques de Gesenius : כע שמע קלא ברכא, *Dès qu'il a entendu ma voix, il m'a béni.*

L'explication, restreinte à ces exemples, pourrait sembler naturelle. Mais il n'en est plus de même lorsqu'on l'étend aux inscriptions analogues. M. de Saulcy n'a pu tenter cette extension que pour trois cas, les 10ᵉ, 11ᵉ et 12ᵉ *Numidiques*, les seules que l'on connût alors. L'explication, pour les

---

(1) Voyez toutefois la note de la pag. 25.

f1ᵉ et 12ᵉ, a eu deux phases (voy. *Nouv. ann.* préc. p. 22, 26 et 31, *Rev. archéol.* p. 573). Mais la seconde explication n'a été que partielle, bornée à un seul passage du texte, sans raccord avec le reste de la version précédente ; il en résulte une confusion que l'auteur aurait sans doute fait disparaître s'il avait repris l'ensemble de la traduction, mais que je ne puis, pour mon compte, éviter de reproduire.

10ᵉ *Numidique.*

Au seigneur Baal Khamon ; dès	לאדן בעל חמן כשעמ
qu'il a entendu ma voix et que	א קלא ו קטיר
mon encens....	א

11ᵉ.

Au seigneur Baal (Kah)mon. Il a jeté un	לעדן בעל מן שע באמ
regard de pitié sur la douleur de moi Fathan-	יל פעתן בן בעליתן במ
ben-Baaliten, en accomplissant. Parce que	ל כאשרא האש ושע
le sacrifice que j'ai offert m'a rendu heureux	מא את קולא
et qu'il a entendu ma voix.	

12ᵉ.

Louange au seigneur Baal Khamon.	לאדן בעל חמן שבה
Il est intervenu dans ma douleur en	בו מענא במל כאשרא ה
accomplissant. Parce que le sacrifice	אש ושעמא את קולא
que j'ai offert m'a rendu heureux et	
qu'il a entendu ma voix.	

On voit d'abord que, dans la 11ᵉ, שעבא n'a pas été rapporté à שבח de la 12ᵉ. Je n'insiste pas sur l'incohérence de l'ensemble que M. de Saulcy n'eût pas manqué de faire disparaître, je le répète, s'il avait repris tout le texte. Je ne m'attache qu'au suffixe *aleph*, et je ferai remarquer que celui de שעמא ou שמא n'est pas mis en accord avec celui de קלא ou קולא, ni de קטירא ; il est considéré comme une simple permutation avec l'*aïn*. Mais la répétition en est, à mon avis, trop fréquente pour qu'il en soit ainsi ; ces terminaisons rapprochées doivent être corrélatives, et ce qui le prouve c'est la leçon correspondante ושמם קלם dans la 14ᵉ *Numidique.* Or l'on ne pourrait dire *et il a entendu moi ma voix.* En tout état de choses, pour la 14ᵉ, on ne peut dire *et il a entendu eux leur voix ;* or cet exemple péremptoire ruine le système entier (1). Enfin sur la même pierre la locution מן אבן que j'ai déjà signalée indique un motif funéraire avec lequel le reste du contexte serait en opposition.

Je me vois donc, avec peine, obligé de me séparer aussi du célèbre académicien dont l'autorité est toujours pour moi d'un grand poids et qui a pris une si puissante part aux progrès des études phéniciennes. Mais en écartant en fait ses explications, je dois faire remarquer combien la donnée grammaticale sur laquelle il les appuie a de rapport avec la mienne, qui a été exposée en 1842, et combien elle lui vient implicitement en aide en adoptant le principe, avec une nuance secondaire, que l'*aleph* suffixe peut représenter la 1ʳᵉ personne du singulier.

---

(1) Cette objection décisive, si je ne m'abuse, renverse aussi l'explication de M. Ewald dont je n'ai pu faire entrer l'exposition dans le corps de ce mémoire, parce que je n'ai que depuis peu de temps en ma possession le travail de ce célèbre auteur ; elle consiste à faire, dans la généralité des cas, de l'*aleph* dont il s'agit, le suffixe de la 3ᵉ p. sing. masc. répondant exactement au *mem* suff. du même pron. plur. Sans les considérations que je viens d'opposer, cette nouvelle vue s'appliquerait parfaitement à toutes les autres circonstances.

J'aborde enfin le point litigieux de l'inscription de Malte.

Avec un *iod* en tête de ברכם, soit כשסע קלם יברכם, je ne puis évidemment, je l'avoue, obtenir un sens concordant avec celui que je donne, dans tous les autres cas, à la formule. Or si, pour ces cas, le sens dont il s'agit est réellement le seul qui se soutienne constamment; si, d'un autre côté, la solidarité entre toutes les variantes est fondée, il faut que la lettre en question soit autre qu'un *iod* afin de se plier à l'explication commune. Et en effet, à ne s'en rapporter d'abord qu'à l'analogie des contextes, on voit que, dans la 6ᵉ *Tunisienne*, il y a une lettre aussi entre קלא et ברבא, et c'est la copule *vau*. Il doit y avoir analogie entre les deux cas. La malédiction et la bénédiction n'étaient pas prononcées confusément; c'était l'une *ou* l'autre que l'on encourait suivant certaines conditions, c'est-à-dire suivant que l'on aurait profané ou respecté le tombeau; la copule doit donc être disjonctive, et en effet le *vau* a, dans diverses circonstances, cette énergie, ex. מנה ביו ואמו, *Qui percusserit patrem suum* VEL *matrem suam, Exod.* XXI, 15. Le préfixe de l'inscription jumelle de Malte doit donc indiquer aussi une alternative.

Au point de vue matériel, purement graphique, la plus grande ressemblance, après celle du *iod*, est celle du *hé*. C'est en effet la valeur que j'attribue à la figure dont il s'agit. Mais ici encore il convient de rechercher et de comparer les cas analogues.

Il existe une autre inscription maltaise, la seconde de Gesenius, qui présente à trois endroits de la seconde ligne la même figure. Barthélemy, qui a fait connaître cette inscription et en a donné l'alphabet, *Journ. des sav.*, déc. 1761, p. 871 et 872, regardait la figure comme un *hé*. Presque tous ses successeurs ont fait de même; Tychsen et Hartmann seuls, jusqu'à Gesenius, y ont vu des *iod*, et ils ont été depuis imités par MM. Et. Quatremère et Bourgade (1ʳᵉ éd.). Le professeur de Halle, qui maintenait la valeur *hé*, dit au sujet de la transcription de Tychsen : « In vocabulo lin. 2 tertio duo *iod* explicet qui possit... » Et il devait être bien convaincu, car, d'une part, il reconnaissait la valeur *iod* à la même figure sur les autres monuments, et, d'une autre part, il avouait qu'en prenant, comme il le faisait, le premier mot de la même ligne, pour un adjectif, נקי eût été plus conforme à la langue hébraïque que נקה. Sa prévision s'est, jusqu'à présent, accomplie. J'ai réfuté ailleurs la leçon de M. Et. Quatremère. Pour celle de M. Bourgade, il me suffira de faire observer qu'au commencement de la seconde ligne, il lit לקי tandis qu'il y a certainement נקי sur le monument, et qu'il néglige, ainsi que M. Quatremère, le petit trait gravé entre la seconde et la troisième répétition de la figure dont nous nous occupons. Cependant l'examen direct de la pierre prouve que ce n'est pas un accident, que c'est bien un élément de l'inscription; tous les autres interprètes en ont ainsi jugé. Barthélemy en faisait un *iod*; Swinton, Kopp et Gesenius l'ont considéré comme un *zaïn*; Tychsen, beaucoup plus loin de la vraisemblance, l'a pris pour un *phé*; Drummond l'a transcrit *vau*. Un passage parallèle d'une autre inscription, la 11ᵉ *Carthag.* de Gesenius, m'a déterminé pour cette dernière valeur, et en assignant en même temps à la figure dont il s'agit principalement en ce moment la puissance du *hé*, je suis arrivé, pour la 2ᵉ *Maltaise* et la 11ᵉ *Carthaginoise*, à des interprétations qui me paraissent, après les vains efforts de tous mes prédécesseurs, les seules possibles (1).

---

(1) Seulement aujourd'hui je pense que, dans la 2ᵉ *Malt.*, à la fin de la 1ʳᵉ ligne, נפעל doit être rendu, non par le partic. pass. gén. *remunerati*, mais par le subs. *remunerationis*, savoir, à raison de la forme niphal, *remunerationis susceptæ*; ou si l'on veut en faire un participe, ce doit être *confecti*. Quant à la 11ᵉ *Carthag.*, je me range, pour la dernière ligne, à une judicieuse observation de Gesenius établissant qu'on doit lire עשתרת, *Astarte*, et je rends, en conséquence, la fin de l'inscription ainsi : אדן בעל מגן עשתרת, *Fundamentum Baal, Clypeus Astarte*, c'est-à-dire que le monument, qui n'a point d'invocation ou de dédicace, est mis sous la protection des deux divinités par ces paroles qui font une espèce d'allusion à la construction du sépulcre; l'attribution de מגן à Dieu comme ici à Astarté est fréquente dans la Bible. Voici donc comment aujourd'hui je traduis les deux textes :

Au point de vue matériel, la figure en question présente quelques nuances sur les trois monuments rapprochés ; mais chacune de ces nuances peut être ramenée à l'assimilation avec le *hé*.

Sur la 11ᵉ *Carthaginoise* elle a cette forme. Sur une inscription découverte à Constantine, la 23ᵉ de ma nomenclature, le *hé* est ainsi tracé. On voit qu'à part le crochet de la partie inférieure, il y a la plus grande ressemblance entre ces deux dessins. A considérer les traits qui surchargent indûment la plupart des lettres de la 11ᵉ *Carthaginoise*, par ex. l'*aïn* du nom d'Astarté dans la 2ᵉ ligne, l'angle de gauche du *lamed* au 7ᵉ rang de la 3ᵉ ligne, le *phé* de la 4ᵉ ligne, le *tau* et le *resch* de la dernière ligne qui simulent un *aleph* et un *qôph*, on pourrait douter de la réalité du crochet sur la figure dont nous nous occupons. Mais le crochet même n'est pas un obstacle. Une saillie correspondante sur la figure analogue dans la 2ᵉ *Maltaise* a presque disparu sur la même figure dans la 1ʳᵉ *Maltaise*. Cette dernière figure, sauf la réduction des deux traits latéraux à un seul comme dans l'inscription de Constantine, a une similitude sensible avec le *hé* de la 5ᵉ *Carthaginoise* de Gesenius, et, en fermant par la pensée la courbe à l'extrémité supérieure du trait oblique, on produit le *hé* numidico-punique, qui ne peut être que le produit d'une pareille opération.

Toutefois, quelle que soit la valeur de ces rapprochements, ce n'est pas de ce côté que se trouve le meilleur argument. La justification est plus directe en prenant pour termes de comparaison les monuments égyptiens en écriture araméo-phénicienne, c'est-à-dire l'inscription dite de Carpentras et les papyrus de Blacas, ainsi que l'alphabet palmyrénien. Gesenius, qui n'a assigné toutefois à la figure dont il s'agit la valeur *hé* que sur la 2ᵉ *Maltaise*, a indiqué ce rapport ; mais il convient d'y insister plus qu'il ne l'a fait. Les relations de Malte avec l'Egypte sont révélées par les types de plusieurs médailles de l'île ; ils le sont par le texte même de la première de nos inscriptions dont les noms propres sont composés avec des noms de divinités égyptiennes. Le rapport d'écriture n'est donc pas étonnant. Or, sur l'inscription de Carpentras et sur les papyrus de Blacas, le *hé* a la forme du *iod* sur les monuments ordinaires, et à cette forme se rattache celle de la figure de nos deux *Mal-*

11ᵉ Cᴀʀᴛʜᴀɢɪɴᴏɪsᴇ. — *Cippus Abdastartis, filii Abdmelqartis, filii Sufetbalis, existentiam spiritus qui remisit c anno. Fundamentum Baal, clypeus Astarte.*

2ᵉ Mᴀʟᴛᴀɪsᴇ. — *Penetrale, domus æternitatis, sepulcrum remunerationis. Justificatus est in consummatione existentiam spiritus qui remisit* ᴄɪɪ *anno Annibal, filius Barmeleci.*

MM. Blau (*Zeits. der d. m. Gesellschat*, ɪɪɪ B. ɪᴠ heft, pag. 445, note) et Munk (*Journ. asiat.*, ᴠᵉ série, t. ᴠɪɪ, pag. 293, note) ont cependant proposé des explications nouvelles qui méritent attention. Le docte philologue de Breslau, se référant à la 1ʳᵉ cit., où il lit, à la 1ʳᵉ ligne, d'après une indication de Movers, ירח מורבא, *mois de merba*, voit ici une modification du même nom, et il dit : ‏ירח מורפאם בשת חנבעל ב"‏ *mois de merpham, dans l'année d'Annibal*, etc.; ‏ירה מרפאם שת אדנבעל מגנעשתרת‎, *mois de merpham, année d'Adonibal (et de) Magenastarte*. Le savant hébraïsant de Paris lit : ‏וי'רפא משת, וירחם רפא מבשת‎ « *Puisse l'ombre* » *être prise en pitié pour ne pas être dans l'Orcus !* » Il dit de l'interprétation de M. Blau : « Cette hypothèse » n'a que la valeur d'une simple conjecture, qui aurait besoin d'être justifiée par une explication satisfaisante » de l'ensemble. » J'ajouterai qu'on ne peut, d'après une copie aussi défectueuse que celle de la 1ʳᵉ Citienne, supposer un nom de mois dont il n'existe d'indice aucune autre part ; que le changement que ce nom aurait subi à Malte et à Carthage serait fort singulier ; que dans la 2ᵉ Maltaise au moins, il devrait y avoir un *beth* particule devant ‏ירח‎ puisqu'il y en a un devant ‏שת‎ ; qu'il ne serait pas vraisemblable, en ce qui concerne la 11ᵉ Carthaginoise, que deux noms propres de magistrats distincts n'eussent pas été séparés par la copule. Enfin, comme le fait entendre M. Munk, ce sens ne me paraît guère pouvoir se lier à ce qui précède. Mais n'en est-il pas de même de l'interprétation de celui-ci ? N'est-ce pas un très-vicieux procédé de ne donner ainsi que des lambeaux d'explications qui, lorsqu'on veut les coudre à l'ensemble, ne produisent que de la bigarrure ? Serait-il probable que, sur la 2ᵉ Malt., le nom propre fût séparé, par cette exclamation, du commencement du texte auquel il se rattache intimement ? Et dans la 11ᵉ Carth., que fait-on de ce qui suit le passage dont il s'agit ? y voit-on deux noms propres sans conjonction ou sans le mot ‏בן‎ ?

taises ; le *vau* a la plus grande ressemblance avec celui de la 2ᵉ *Maltaise.* Ce n'est pas le seul exemple d'une figure ayant des valeurs différentes suivant les localités ; ainsi celle du ʀ romain retourné, qui est le *hé* numidico-punique, vaut incontestablement ɴ sur plusieurs médailles de Tyr ; une médaille de Lix a, à la fin du nom de la ville, un *schin* qui ressemble à un *caph*, particulièrement à celui de la 1ʳᵉ *Maltaise ;* sur un scarabée publié par M. Fr. Lenormand, *Bull. archéol.*, juin 1856, p. 48, le *mem* simule le *samech* ordinaire. Enfin j'ajouterai avec Gesenius que la figure dont il s'agit sur les épigraphes de Malte et dans l'écriture araméo-phénicienne est la transition au *hé* de l'écriture carrée dont l'existence seule suffirait pour faire présumer une forme intermédiaire telle que celle dont nous nous occupons.

Je pense donc que cette forme est celle du *hé* dans la 1ʳᵉ comme dans la 2ᵉ *Maltaise.* Ce *hé*, placé entre deux verbes de significations opposées, ne peut que remplir l'office de particule disjonctive signifiant *aut, vel, sive*, et, en cela, il correspond parfaitement au *vau* corrélatif de la 10ᵉ *Numidique* et de la 6ᵉ *Tunisienne*, auquel j'ai attribué, p. 103, le même rôle. A la vérité, dans l'hébreu biblique, le *hé* préfixe n'est, par plusieurs auteurs, considéré comme disjonctif que dans les propositions interrogatives. Mais la différence est-elle sérieusement telle que, dans un autre dialecte surtout, il n'ait pu avoir aussi cette fonction dans les phrases positives, de même qu'en hébreu אם avec lequel il est si souvent en rapport ? Ne peut-on pas lui comparer le rabbinique הא, que l'on s'accorde à regarder comme équivalent à ה, et qui, répété, se rend par *sive* ainsi que אם ? D'ailleurs en hébreu même Noldius pense que le *hé* préfixe, bien que ponctué comme dans le cas d'interrogation, n'est pas toujours interrogatif ; il le dit, avec preuves à l'appui, tantôt simplement dubitatif, sans question, tantôt affirmatif, *he veritatis* (1). L'une et l'autre de ces acceptions, contradictoires en apparence, convient à la situation : il y a doute quant à l'effet, puisqu'il est subordonné à des conditions éventuelles ; mais il y a affirmation quant à la proclamation sacramentelle, bien que le résultat puisse varier suivant des circonstances contingentes. Enfin la question me parait tranchée par une phrase de l'inscription de Sidon dont j'ai signalé le rapport avec le passage dont il s'agit ici dans mon mémoire déjà cité sur cette épitaphe.

Je pense donc en définitive que le passage en question de la 1ʳᵉ *Maltaise* (voir pour le reste à la p. 9) doit se traduire de cette manière : *Prout auditum, maledixerunt vel benedixerunt*, ou *maledixerunt imo benedixerunt.* Il y a ainsi concordance avec toutes les inscriptions analogues, et de cette concordance découle réciproquement l'induction que l'*aleph*, dans les cas précédemment étudiés, représente une afformante verbale, celle de la 1ʳᵉ pers. sing. du prétérit, objet spécial de mon mémoire.

Un point cependant reste encore à examiner : Par qui l'épitaphe est-elle rédigée ou censée rédigée ? Là où le sujet est à la 1ʳᵉ pers. sing., on pourrait croire que c'est la personne morte elle-même comme sur le sarcophage du roi de Sidon. Mais les inscriptions jumelles, où le sujet est double, n'admettent point cette solution. Il faut donc que ce soit par des survivants, et, par conséquent, le nom du défunt est omis. J'ai répondu à l'objection qu'on pourrait tirer de cette singularité dans mon *Et. dém.* p. 74 et 75. J'ajouterai que c'était parmi les Juifs une marque d'honneur de ne point inscrire sur les tombeaux les noms des morts ; on confiait à leurs œuvres le soin de faire vivre leur mémoire. L'épigraphie latine fournit d'ailleurs un assez grand nombre d'exemples de pareille omission ; on trouve, entre autres, dans Mazochi celui-ci :

ASPRENAS
CALPURNIUS
TORQUATUS
PATRI SUO.

---

(1) *Concordantiæ particularum hebræo-chaldaicarum,* pag. 233, 234.

Et dans Gesenius, p. 210 de son *Monum.*, une épitaphe carthaginoise en ces termes : SABINUS SUGAN. MATRI.

D'autres inscriptions, dans des formules différentes, offrent pareillement la désinence *aleph*. Pour que la démonstration que j'ai entreprise soit complète, il est indispensable d'analyser aussi ces cas afin de vérifier s'ils rentrent dans l'explication commune. J'ai déjà implicitement prononcé l'affirmative pour שבא, 13ᵉ *Numidique*, p. 65, שעבא, 11ᵉ et inédite, p. 66, et pour נעשא, 27ᵉ, même page. Il y a lieu de compléter le parallèle par l'étude de quelques autres monuments ; je vais par là terminer ce travail.

12ᵉ *Carthaginoise de Gesenius, Carthaginoise de Falbe, et Carthaginoise B de M. Bourgade.*

Trois inscriptions trouvées dans les ruines de Carthage, écrites en caractères normaux et portant le membre de formule אש נדר, réunissent cela de commun qu'elles ont un *aleph* après le second de ces groupes, savoir :

Inscr. de Gesenius. . . . . אשנדראעלשת.
— Falbe. . . . . אשנדראמתמלכת.
— M. Bourgade. . . . . . . אשנדראכברת

La première de ces épigraphes (1) est terminée par la série de lettres rapportées ci-dessus ; dans les autres, les séries sont suivies de l'énonciation de la filiation indiquée par בת, *Fille de*. C'est donc un nom propre qui existe après נדר ou נדרא, et dans les deux derniers exemples ce nom est celui d'une femme.

Dans l'exemple de M. Bourgade, en faisant provisoirement abstraction de l'*aleph*, on lit כברת, *Grande*, qui peut très-naturellement former un nom propre ; aussi M. Bargès l'a-t-il considéré comme tel et a-t-il conséquemment rattaché l'*aleph* à נדר en en faisant l'afformante de la 3ᵉ pers. sing. fém. du prétérit, *Vovit Kabira*. M. Bourgade, bien qu'il n'ait pas complété le nom propre, a adopté cette formation (2).

Dans l'exemple de Falbe, il faudrait, d'après cette donnée, que le nom propre fût מתמלכת. Pris à la lettre, il signifierait *Vir reginæ*, ce qui répugnerait évidemment à un nom de femme, tandis qu'en y adaptant l'*aleph* on a אמתמלכת, *Ancilla reginæ*, ce qui convient parfaitement. Dans ce cas, le verbe se réduirait à נדר, et comme il précède le sujet, le défaut d'accord de genre serait précisément conforme à l'usage hébraïque. Cependant on pourrait supposer que מתמלכת est pour מתנמלכת, *Donum reginæ*, le *nun* s'assimilant au *mem* qui le suit immédiatement. D'un autre côté, l'on peut accommoder aussi l'exemple de M. Bourgade à la première explication en reportant l'*aleph* à כברת, car il formerait alors un superlatif, *Maxima*, comme en hébreu אכזר, *Valde mendax*, etc.

---

(1) D'après les leçons de MM. Bourgade et Bargès, on pourrait croire que l'on doit y ajouter la 2ᵉ et la 4ᵉ Tunis. Mais, d'abord, la reproduction de la 1ʳᵉ de ces épigraphes est trop incertaine pour qu'on base sur elle quelque donnée positive ; d'ailleurs, en n'admettant pas אשת que j'ai indiqué à la pag. 53, rien n'annonce qu'il s'agisse d'une femme ; nulle part on ne constate le mot בת. Quant à la 4ᵉ Tunis., elle est moins défectueusement rapportée ; il y a bien un *aleph* à la fin de la 1ʳᵉ ligne après le second mot נדר, et le thème בת peut se trouver au milieu de la 2ᵉ ligne ; cependant la figure qui représenterait alors le *tau* est semblable à celle qui forme *nun* dans le groupe נדר dont je viens de parler ; d'un autre côté, rien ne prouve que l'*aleph* dont il vient aussi d'être question ne soit pas l'initiale du nom propre. Il n'est donc possible de rien établir sur ces exemples.

(2) M. Ewald a dérogé à son ingénieuse généralisation en acceptant aussi cet office, pag. 10 et 11. Dans quelque système que ce soit, il est en réalité difficile d'éluder le double emploi.

Quant à l'exemple de Gesenius, on ne sait si le sujet était masculin ou féminin ; l'étymologie du nom peut comporter l'un ou l'autre genre ; on ne peut donc rien conclure. Il est toutefois à remarquer qu'en comprenant l'*aleph* dans ce nom, on ne peut le considérer que comme servile ; Gesenius en fait l'article, soit העליצות=אעלשת, ἡ ἀγαλλίασις, *Lætitia* ; on pourrait le prendre simplement pour une prise de son, devant l'*ain* prononcé gutturalement, et le mŏt grec lui-même semble l'indiquer.

Quoi qu'il en soit on ne peut s'appuyer avec quelque solidité que sur les deux derniers exemples. Or, d'après ce qui précède, la plus grande probabilité est pour l'annexion de l'*aleph* au nom propre. Si cependant de nouveaux exemples venaient péremptoirement prouver qu'il appartient à בדר, il ne pourrait former la 3° pers. fém. du sing. du prét., car le même rôle ne pourrait évidemment lui être attribué dans tous les autres cas antérieurement examinés et dans lesquels j'ai prouvé, si je ne me trompe, qu'il est aussi formatif de personne verbale, et il n'est pas vraisemblable qu'on lui ait assigné deux fonctions de cette nature. Rien ne s'opposerait au contraire à ce qu'on maintînt la concordance en en faisant dans tous les cas la formative de la 1ʳᵉ pers. sing., soit ici : *Vovi Mulu(n)milca* et *Vovi Kabira.*

26° *Numidique de ma nomenclature*

Cette inscription, représentée sur la pl. 26 *bis* de mon *Et. dém.*, se lit ainsi :

לבעל בעל מן פעל

א קלמין בן אר

On reconnaît immédiatement dans les deux premiers groupes la modification formulaire signalée sur une inscription d'*Arsenaria*, p. 74 B. מן est l'épithète employée par aphérèse pour חמן sur la plupart des monuments de *Ghelma*, localité d'où provient aussi cette épigraphe.

La seconde ligne contient un nom de fils et un nom de père liés par le mot בן. En attachant au premier l'*aleph* qui ouvre la ligne on a : *Domino Baali (Ha)mmani fecit Aqelmin filius Hori.* Mais אקלמין ne se prête à aucune signification ; en lisant au contraire קלבין, *Calamen*, on a un nom propre qui se trouve dans la *Johann.* de Corippe, VII, v. 407, et peut se traduire *Levis est forma.* Je pense donc que l'*aleph* est suffixe de פעל qui termine la première ligne, et alors rien d'aussi facile que de lire : *Domino Baali feci Calamen, filius Hori.*

M. Ewald lit, après la dédicace, בעלא קלמת בנאר, *citoyen de Calama* (Ghelma) *sur le fleuve.* Mais, comparativement au reste de l'inscription, il est impossible de faire un *beth* de la première figure. En outre, il n'y aurait pas de nom d'homme, en sorte que ce membre de phrase se rapporterait à Baal : il y aurait une singulière redondance.

28° et 29° *Tunisiennes de M. Bourgade ;* 21° et 25° *Numidiques de ma nomenclature.*

Les deux premières de ces inscriptions ont été transcrites et traduites comme il suit par MM. Bourgade et Bargès.

M. Bargès :

28°.

Positus fuit cippus Lakio	מענא אבן ללקי
filio Rahukœ. Posuit ei	בן רחקא טנא לא
pater suus.	שבא

29°.

Positus fuit cippus Ta-	מענא עבן לתא
satero. Posuit ei pater suus.	שעטר טנא לא עביא

M. Bourgade, 2ᵉ éd.

28ᵉ.

<table>
<tr><td>

Positus cippus hic Laki
filio Rhaikæ. Posuit sibi
ipse.

</td><td align="right">

מּענא אבן ז)את(ללקי
בן רחיקא מּנא לא
עיא

</td></tr>
</table>

29ᵉ.

<table>
<tr><td>

Positus lapis hic Ta-
sotero. Posuit illi pater suus.

</td><td align="right">

מּענא עבן ז)את(לתא־
שעמר מּנע לא עביא

</td></tr>
</table>

Les nouvelles versions de M. Bourgade diffèrent notablement de celles de la 1ʳᵉ éd. Ces changements ont eu pour résultat d'amener une grande ressemblance avec les traductions de M. Bargès, et il me semble difficile que celles-ci n'y aient pas contribué.

Des deux côtés, c'est là le seul point auquel je veuille m'attacher, on considère dans לא et dans עביא l'*aleph* final comme valant *vau*, signe du pron. de la 3ᵉ p. s. m. en régime; M. Bargès en fait de même dans עבא qu'il lit, pour אביהו, à la fin de la 28ᵉ inscription; M. Bourgade, lisant עיא, y voit l'équivalent de l'hébreu הוא.

Aucune analogie ne justifie la supposition de l'emploi de l'*aleph* suffixe pour *vau* dans la condition dont il s'agirait; pour être admise, il faudrait qu'elle fût amenée par une série d'autres exemples qui seraient inexplicables autrement; loin de là (1)! Nous avons d'ailleurs vu M. Bargès, à qui appartient en propre cette hypothèse, faire de l'*aleph* suffixe l'afformante de la 3ᵉ p. s. f. dans une inscription de Carthage, ainsi que dans deux Tunisiennes, et M. Bourgade l'a imité. M. Bargès en a fait en outre le signe du pluriel masculin construit dans la 10ᵉ Tunis., M. Bourgade celui du duel dans la même épigraphe et la 1ʳᵉ Numid.; dans un grand nombre de cas, ils n'en tiennent compte.

MM. Bargès et Bourgade ont reconnu que les deux inscriptions dont il est question ont un même tissu formulaire, et ils se sont efforcés d'approprier leur traduction à cette juste donnée. Mais le premier a négligé de rechercher les textes analogues déjà acquis. M. Bourgade avait agi de même dans sa première édition; il a en partie réparé cette omission dans son nouveau travail, puisqu'il s'occupe de la 25ᵉ Numid. de ma nomenclature. Mais il en est encore une autre qu'il a perdue de vue, c'est la 21ᵉ. Celle-ci, du reste, pourrait se plier aussi à son interprétation, si le principe de cette interprétation était admissible. Je dois donc reprendre pareillement l'examen de ces deux textes. Nous allons voir qu'ils ne s'accommodent pas moins à mon opinion, et, comme celle-ci constitue un système homogène, embrassant tous les cas où l'*aleph* est dans la même position, je pense qu'elle doit l'emporter sur les variations si nombreuses et le plus souvent dénuées de bases analogiques que j'ai dû relever dans les explications que j'ai combattues.

La parenté particulière de ces inscriptions résulte de la présence qui leur est propre d'un passage que je regarde comme similaire dans les unes et les autres, nonobstant une différence orthographique consistant dans la permutation d'*aleph* et de *aïn*. Ce passage est formé par ces séries de lettres מּנאלא et מּנעלא. En annonçant par anticipation qu'elles doivent être coupées ainsi, מּן אלא et מּן עלא, je transcrirai les quatre inscriptions de cette manière :

---

(1) J'ai déjà dit que M. Ewald a cherché à faire une application générale de cette interprétation, et j'ai reconnu qu'elle pourrait s'appliquer dans un grand nombre de cas : mais j'ai indiqué des exceptions qui me paraissent détruire péremptoirement le prestige.

25ᵉ *Numid.*	21ᵉ *Numid*
געחן לפֿ	עבן טענא לבעלי
נולא טן	עתן בן בעשא טן
עלא עבן	עלא תיעלתיא ו
נעשעיא	תם בפעשמן לתם
ברכת בת	
רגעטא	

29ᵉ *Tunis.*	28ᵉ *Tunis.*
טענא עבן ש לתא	טענא אבן ש ללקי
צעטר טן עלא עבדא	בן רחקא טן אלא
	עים

Les deux Tunisiennes, beaucoup plus simples, n'ont qu'un mot après la formule. Sur la 28ᵉ, ce n'est certainement point עבא comme l'a pensé M. Bargès. Si l'on veut lire עיא avec M. Bourgade, il y a moins de difficulté. J'ai déjà dit pourquoi, théoriquement, dans ce cas, l'équivalence avec הוא me paraîtrait improbable. J'ajouterai que, dans l'inscription de Sidon, le pronom dont il s'agit est écrit הא. Ce ne serait point toutefois un obstacle réel, car, dans l'écriture numidico-punique, ce mot aurait pu subir des modifications orthographiques analogues à celles du verbe signifiant *vivre*. Mais l'objection qui me paraît péremptoire, c'est que la dernière lettre est, non un *aleph*, mais un *mem*. L'état de tout le reste de l'inscription ne permet guère de penser que la petitesse comparative des lignes de cette figure, petitesse qui en caractérise la valeur, est le résultat de l'effacement; ce ne peut donc être qu'un nom propre. Dans la 29ᵉ, il ne me paraîtrait guère probable qu'on eût marqué un *iod* pour former אביא; je présume que le trait transversal de l'avant-dernière lettre est accidentel, et que le groupe constitue aussi un nom propre, עבדא, déjà connu par d'autres monuments, et existant dans la Bible.

Ces noms ne peuvent être que les sujets de la nouvelle formule. En composant celle-ci de טנא ou טנע לא, on ne peut donner à לא aucune signification applicable au contexte, s'il est vrai, comme je le pense, que celle de MM. Bourgade et Bargès soit inadmissible. Avec ma coupure, on a d'abord טן qui se trouve dans d'autres inscriptions et se rattache à la formule initiale. אלא ou עלא doivent être des variantes d'un verbe, אלה, par conséquent, ou עלה, l'*aleph* final formant la 1ʳᵉ p. s. en accord avec le nom propre qui suit ou sujet de la proposition. L'un et l'autre des deux verbes que je viens d'indiquer, et dont le premier signifie *execrari*, *imprecari*, le second *extollere*, peut convenir; mais, comme la mutation d'*aleph* en *aïn* est beaucoup plus fréquente que celle de l'*aïn* en *aleph*, comme, d'un autre côté, sur la 29ᵉ, où M. Bourgade marque un *aïn* bien fermé, M. Rousseau a dessiné des traits qui annoncent plutôt un *aleph*, je penche davantage pour אלא comme terme primitif. On a ainsi, de même peut-être que dans la 2ᵉ inscription d'Arzew, un synonyme de קלא, opposé aussi à ברך dans le v. 2, ch. XVII des *Juges*.

Quant aux deux Numidiques, je les ai déjà traduites dans mon *Et. démonstr.*; mais je crois devoir y faire aujourd'hui quelques changements provoqués par de plus longues réflexions, et, pour la 21ᵉ en particulier, par la connaissance acquise depuis des deux monuments analogues que renferme la collection de M. Bourgade.

Cet écrivain, comme je l'ai dit, a, dans sa nouvelle édition, porté son attention sur la 25ᵉ Numidique; il la rend ainsi :

Asalmo	לעשלם
claustrum. Posuit	נולא טנ־
illi lapidem	ע לא עבן
Natsusa-	נעצעששא־
Borraketa, filia	ברכת בת
Ragathæ.	רגעטא

On doit d'abord observer qu'en faisant de la première lettre un *lamed*, malgré la ressemblance positive avec le *ghimel* qu'il reconnaît lui-même à la figure, en se fondant sur la similitude que présente, d'un autre côté, cette figure avec le *lamed* dans la 11ᵉ Numid., notre auteur a méconnu un grand principe proclamé déjà par Barthélemy, savoir qu'on doit faire un alphabet pour chaque monument en particulier ; or, notre monument présentant dans tous les autres endroits le *lamed* normalement formé, on ne peut donner la même valeur à la figure dissemblable dont il s'agit. Il en est de même du troisième caractère considéré comme un *schin*, parce que le *schin* a une forme à peu près semblable dans l'inscription de Nora et dans la troisième Maltaise ; sur notre pierre, la forme de cette lettre, nettement tracée à la quatrième ligne, est bien différente. La figure au sujet de laquelle M. Bourgade a fait cette confusion me paraît être un *chet*, lié à un *nun*, *chet* tel que celui qui existe indubitablement sur l'inscription de Calama que j'ai publiée dans le *Bulletin archéologique* et dont j'ai déjà parlé ; comme notre épigraphe ne fournit aucun autre exemple de *chet*, on peut admettre cette détermination empruntée à un exemple étranger, mais provenant d'ailleurs de la même localité, car la 25ᵉ Numid. a été découverte aussi dans l'ancienne Calama (Ghelma).

Les deux Numidiques sont plus compliquées que les Tunisiennes. Dans la 21ᵉ, après עלא, on ne peut former que le nom propre תיעלתיא, *Tertius*, selon le chaldaïque תליתי ou תליתיא. Le *vau* qui suit est la copule qui indique ou un autre nom propre ou un autre membre de phrase. Un simple nom propre est impossible ; il faut donc au commencement un verbe pour construire un membre de phrase parallèle au précédent. Ce verbe ne peut plus être à la 1ʳᵉ personne ; il doit être à la troisième ; c'est donc תם, *Perfecit*. Vient alors un autre nom propre sujet de ce verbe ; ce doit être בפעשמן, où l'on reconnaît le nom punique d'Esculape, עשמן ; mais je ne puis expliquer בף ; l'analogie indiquerait בד, mais le *phé* est très-nettement formé. לתם qui termine l'inscription est composé de *lamed* préfixe, marque du datif, et de תם que nous avons vu dans la *Tunisienne* bilingue de M. Bourgade, ou 35ᵉ, p. 84, correspondre au latin *Honestè* : le groupe signifie donc *Honesto*.

Dans la 25ᵉ *Numidique*, le premier mot est fort obscur ; il doit toutefois avoir rapport au monument. Je présume que c'est, avec l'*aïn* intercalaire, un substantif provenant du chaldéen גחן correspondant, ainsi que tout le monde en convient, au syriaque גהן, ainsi qu'à l'hébreu נהר (1), lesquels signifient *s'incliner*, *se coucher* ; il a donc l'acception de *lit*, de *lieu de repos*. Après la nouvelle formule vient עבן qui ne peut être que la variante orthographique pour אבן maintenant si bien connue ; c'est donc un appellatif qui doit être le régime de עלא, car אלה est construit aussi avec l'accusatif au verset précité des *Juges*. נעשעיא ne peut, non plus, être le nom propre, sujet du verbe ; car ce nom, avec la filiation, est évidemment dans les deux dernières lignes, et il est peu probable qu'il soit double, comme M. Bourgade le suppose ; נעשעיא doit donc être un complément de עבן ; ce ne peut qu'être l'équivalent de l'hébreu נשואה, *Fardeau*, un synonyme, par conséquent, de מענא, répondant à נעשא de la 27ᵉ Numid., p.

Voici donc, d'après ces considérations, comment je traduis les quatre inscriptions :

28ᵉ **Tunis.** — *Impositio lapidis hujus Laqio, filio Rahaqœ. Ponens imprecationem pronuntiavi Ghim.*

29ᵉ **Tunis.** — *Impositio lapidis hujus Tasatero. Ponens imprecationem pronuntiavi Abda.*

21ᵉ **Numid.** — *Lapis impositionis Balithonis, filio Basœ. Ponens imprecatus sum Tialtia et perfecit Baphasmonus honesto.*

---

(1) Gesenius dit à ce sujet dans son *Lex.*, p. 200 : « גהר, *inclinavit se, procubuit, procidit*... Hanc significationem... Syri habent sub litteris גהן ethpe., cui respondet chald. גחן ; litterarum ר et ן inter se permutatorum exempla vide sub litt. *nun*. »

25° Numid. — *Quietorium Menulæ. Ponendo, imprecationem pronuntiavi super lapidem funeris* (1) *Birychta, filia Rogati.*

Vu que, sur le dernier monument, le sujet de la phrase est une femme, בם doit être considéré, non comme un participe, mais comme un gérondif.

Le nom latin *Rogatus* était assez commun dans cette contrée, ainsi qu'en témoignent les inscriptions romaines. Sa reproduction presque littérale est analogue à celle de *Claudius* dans les inscriptions trilingues de *Leptis magna.*

Ici se termine la longue série d'épigraphes que je devais passer en revue pour arriver au but que j'ai indiqué. Le lecteur, dans sa compétence, décidera si ce but a été atteint. En tout état de choses, j'ose espérer que les discussions auxquelles j'ai dû me livrer ne seront pas toutes stériles ; je compte au moins sur ce résultat pour me concilier l'indulgence dont j'ai besoin. J'ai eu souvent le regret, dans le cours de ce travail, de contredire des savants dónt personne plus que moi n'apprécie le mérite ; j'ai la confiance que je trouverai en eux les sentiments que M. Bourgade m'a attribués, je crois pouvoir le dire, avec raison : *Hanc veniam petimusque damusque vicissim.* Indépendamment de ces dispositions que je suis heureux de leur connaître, ils voudront bien considérer que je me suis efforcé de rendre scrupuleusement à chacun ce qui lui appartient, et qu'au surplus je n'ai point épargné la critique à mes propres œuvres.

---

(1) M. Ewald, qui s'est, je crois, complétement trompé pour la partie précédente de l'inscription, confirme ici mon opinion d'une manière bien remarquable en rappelant qu'en arabe *Naâsha*, duquel il rapproche נשעיא de l'inscription, a en effet une acception funéraire. Je n'insiste pas sur les motifs qui m'empêchent malheureusement d'adopter les changements que, pour le reste de l'épigraphe, il a apportés à ma traduction.

ERRATA.

Page 27. — 12° *Numidique*, ligne 2, au lieu de
בומעכא, lisez בומענא.

31. — ligne 23, au lieu de
ארנים, lisez אדנים.

FIN.

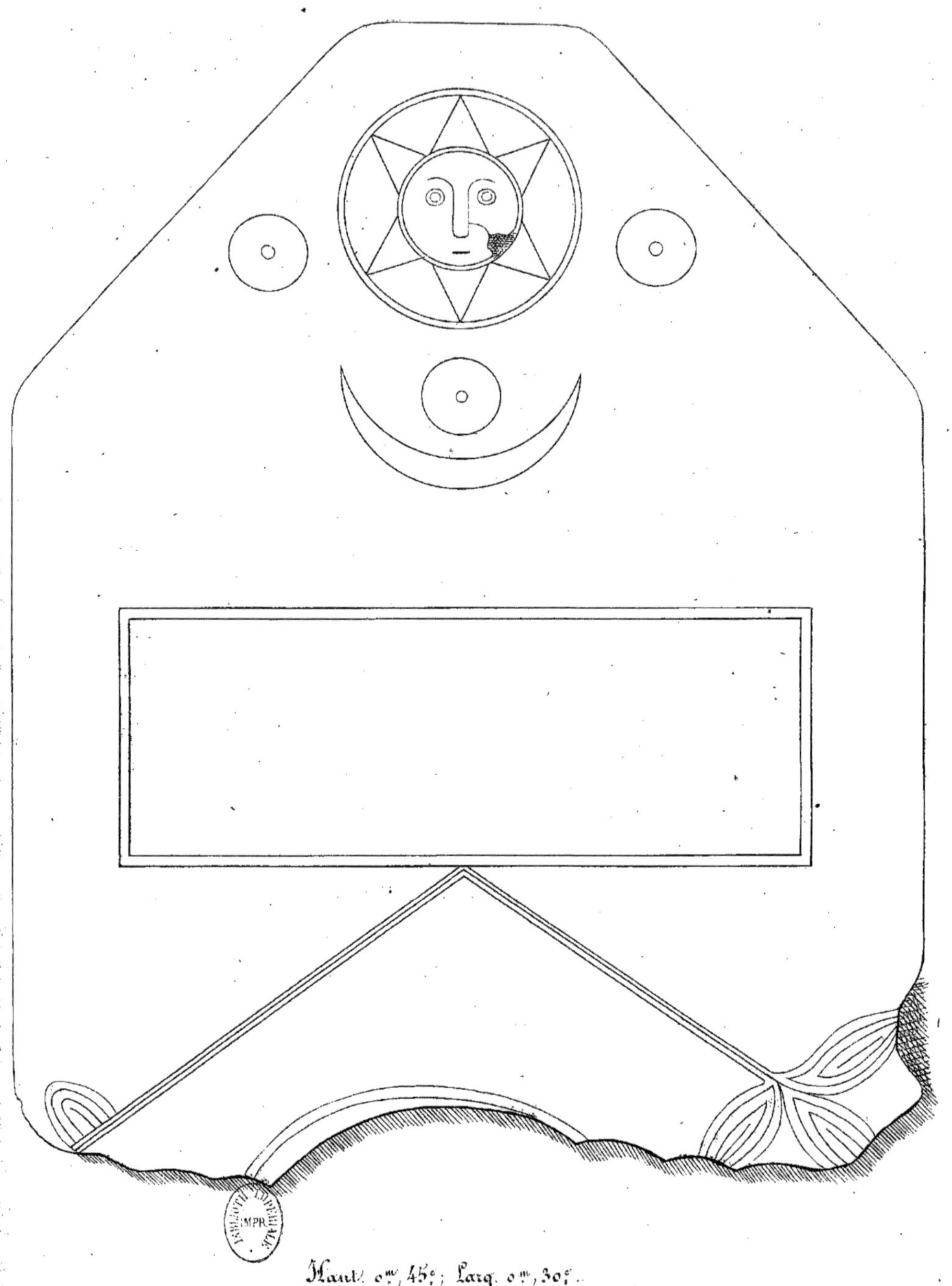

Haut. 0ᵐ,45ᶜ; Larg. 0ᵐ,30ᶜ.

Nº 1 — Inédite de Mᵉ Guyon.

N.º 2 _ Inédite de Ghelma (M.ʳ Grellois)

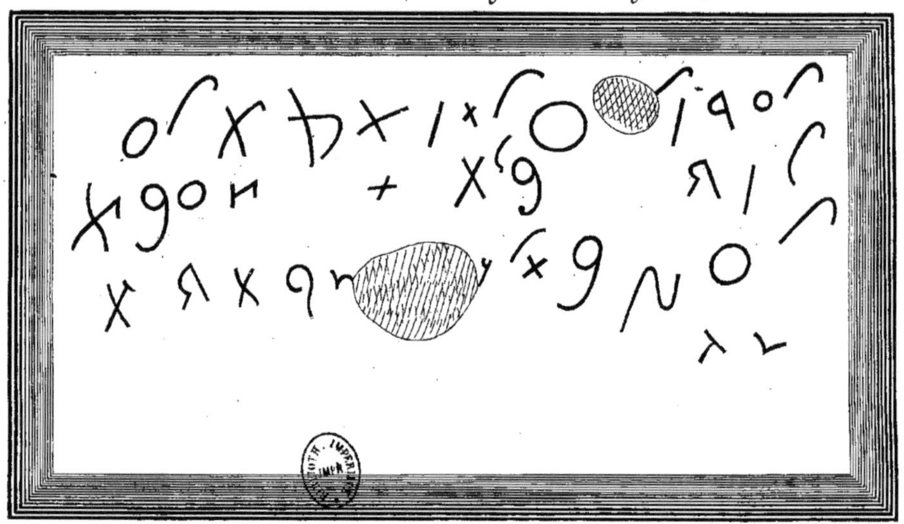

Haut. 0m,57; Larg. 0m,45; Ep. moy. 0m,15.

Haut. 0m,55; Larg. 0m,45; Ep. m. 0m,12.

Haut. 0.^m50.^c; Larg. 0.^m49.^c.

9 782019 276553